唯識三十頌

唯識三十頌　目次

題字　谷村憙齋

唯識三十頌　全文

唯識三十頌（全文）

世親菩薩造

稽首唯識性　滿分清淨者、我今釋彼說、利樂諸有情、

1 由假說我法、有種種相轉、彼依識所變、此能變唯三、
2 謂異熟・思量・及了別境識、初阿賴耶識、異熟、一切種、
3 不可知執受、處・了、常與觸・作意・受・想・思、相應、唯捨受、
4 是無覆無記、觸等亦如是、恆轉如暴流、阿羅漢位捨、
5 次第二能變、是識名末那、依彼轉緣彼、思量爲性・相、
6 四煩惱常俱、謂我癡・我見・并我慢・我愛、及餘・觸等俱、
7 有覆無記攝、隨所生所繫、阿羅漢・滅定・出世道無有、
8 次第三能變、差別有六種、了境爲性・相、善・不善・俱非、

9 此心所、遍行・ 別境・善・煩惱・ 隨煩惱・不定、 皆三受相應、
10 初遍行、觸等、 次別境、謂欲・ 勝解・念・定・慧、 所緣事不同、
11 善、謂信・慚・愧・ 無貪等三根・ 勤・安・不放逸・ 行捨・及不害、
12 煩惱、謂貪・瞋・ 癡・慢・疑・惡見、 隨煩惱、謂忿・ 恨・覆・惱・嫉・慳・
13 誑・諂・與害・憍、 無慚・及無愧、 掉擧・與惛沈・ 不信・幷懈怠・
14 放逸・及失念・ 散亂・不正知、 不定、謂悔・眠・ 尋・伺二各二、
15 依止根本識、 五識隨緣現、 或俱、或不俱、 如濤波依水、
16 意識常現起、 除生無想天・ 及無心二定・ 睡眠・與悶絕、
17 是諸識轉變、 分別、所分別、 由此彼皆無、 故一切唯識、
18 由一切種識 如是如是變、 以展轉力故、 彼彼分別生、
19 由諸業習氣・ 二取習氣俱、 前異熟既盡、 復生餘異熟、
20 由彼彼遍計、 遍計種種物、 此遍計所執 自性無所有、
21 依他起自性 分別緣所生、 圓成實於彼 常遠離前性、
22 故此與依他 非異・非不異、 如無常等性、 非不見此彼、
23 卽依此三性 立彼三無性、 故佛密意說 一切法無性、

24 初即相無性、　次無自然性、　後由レ遠二離前　所執我・法一性、
25 此諸法勝義、　亦即是眞如、　常如其性故、　即唯識實性、
26 乃至レ未二起レ識　求レ住二唯識性一、　於二二取隨眠一　猶未レ能二伏滅一、
27 現前立二少物一　謂二是唯識性一、　以レ有二所得一故　非三實住二唯識一、
28 若時於二所縁一　智都無二所得一、　爾時住二唯識一、　離二二取相一故、
29 無得、不思議、　是出世間智、　捨二二麁重一故　便證二得轉依一、
30 此即無漏界、　不思議、善、常、　安樂、解脱身、　大牟尼名レ法、

已依二聖教及正理一　分二別唯識性・相義一、
所獲功德施二群生一、　願共速證二無上覺一、

最初の一頌を「宗前敬叙分」と云い、最後の一頌を「釈結施願分」と云う。この両頌は世親のものでなく、註釈家の付加にかかるもの、而してその中間の三十の頌を「依教広成分」と云い、この部分がまさしく世親造のもの。『唯識三十頌』と云えば、的確にはその部分だけでなければならぬ。

解題・序論

解　題

一　著者、世親について

本頌の作者をヴァスバンヅウ（Vasubandhu）と云う。ヴァスに天と世との両義があるので、旧訳の諸論師は、いずれも天（Vasu）親（bandhu）と翻じ、新訳の玄奘は世（Vasu）親（bandhu）と訳したのである。真諦に『婆藪槃豆法師伝』一巻の訳があり、また玄奘の『大唐西域記』や、『慈恩伝』等にも、処々に、世親に関する伝えがしるされている。相互に同異するところもあり、また相補足し合うところもある。

世親は北印度健駄邏《ガンダーラ》国の都城富婁沙富羅の人、時に国師婆羅門憍尸迦に三子あり、三子とも婆藪槃豆と称したが、長兄は別名を阿僧伽（Asaṅga）、ここに訳して無著と云い、末弟は別名を比憐持跋婆（Viriñcivasta）、ここに訳して無垢子と云い、第二子の婆藪槃豆のみには別名なく、通名婆藪槃豆、即ち世親を以て称としたと云うのである。

弥勒より唯識大乗を承け、唯識学に関する多くの著述を著わし、唯識学を大成した彼の無著は、実に世親の長兄たる阿僧伽だったわけである。『伝』によるに、末弟の比憐持もまたすぐれた仏教者で、薩婆多部にて出家し、後に阿羅漢果を得たと伝えられている。

ところが、この末弟について誤った説があるので訂正しておきたいと思う。というのは、無著に『大乗阿毘達磨集論』七巻という著述がある。それを註した人に師子覚というのがある。その本釈の両論が安慧によって合糅せられて、『大正大蔵経』中に『大乗阿毘達磨雑集論』十六巻、安慧菩薩糅として収められている。ところが、その師子覚について、『仏祖歴代通載』巻四には、世親三兄弟について言及し、そして「幼を比憐持弗婆提と曰う、此に獅子覚と云い、『集論』の釈を造り大いに研尋有り」と云っていて、比憐持と師子覚とを同一人としている。ところが『西域記』巻五には「無著の弟子仏陀僧訶、唐に師子覚と言う」と云い、慈恩の『雑集論述記』巻一にも「仏陀僧訶学師子と云う」と云っていて、比憐持と師子覚とを同一人とするものを見ない。『通載』が何によってそう云ったかはわからないが、恐らく誤りであろう。しかし『通載』の記事以後の事であろうと思うが、近年のものに於ても、往々にしてかく書するもの、かく語るものを見聞する。それは混乱の説であることを示しておく。

世親が薩婆多部で出家したことは『伝』と『記』と合致する。そして『倶舎論』の製作に関しては余りにも有名なこととして、両書ともこれを伝えている。しかるに『伝』には、『倶舎論』製作以前の出来事として、世親が『七十真実論』を造った話が出ている。それは、仏滅後九百年中、外道に頻闍訶婆娑なる者あり、龍王について僧佉論を学び、心に佷慢を抱き、比類なきかかる大法があるのに、釈迦法のみ世に盛んに行なわれ、大衆はその法を大となしている、我須らく之を破すべしと云って阿緰闍国（阿踰陀国—Ayodhyā）に入り、論議を撃発した。

時に国王馝柯羅摩阿秩多（Vikaramāditya—正勤日）はこの事を知り、国内の諸法師をしてこれに当らしめた。当時、この国の摩㝹羅多（Manoratha―心願）法師や婆藪槃豆（Vasubandhu―天親・世親）法師等は、悉く余国に往いておらず、ただ婆藪槃豆の師である仏陀蜜多羅（Buddhamitra―覚親）のみ在国しており、老齢の身を以てこれに当ったが、辞屈して遂に敗れたのである。ここで世親が、後に毘婆沙の研究に入る以前、そして出家以後、その師として随身した師匠の中の一人が、少なくともこの仏陀蜜多羅であったことがわかる。

後に国に帰った世親は、師仏陀蜜多羅の堕負を知って歎恨憤結し、師のために雪辱しようとしたのであるが、頻闍訶婆娑外道は既に身を変じて石と成り、これを果たすことが出来なかった。そこで世親は、『七十真実論』を造り、外道の僧佉論を悉く論破し去ったと云うのである。そこで王は、これを賞して三洛沙の金を与えたところ、法師はそれによって、阿緰闍国に三寺、即ち一は比丘尼寺、二は薩婆多部寺、三は大乗寺の三寺を建立したと云うのである。

世親が、師のために外道を折伏して雪辱した話は、『西域記』の巻二にも載せられている。但し『記』での話は室羅伐悉底国での話であって、『伝』の如く阿緰闍国に於けるものではない。この両話が、別々の事柄を伝えているのか、一つの事柄が転化したものであるかはわからない。『記』の話はこうである。

時に室羅伐悉底国（Śrāvastī―舎衛国）に毘訖羅摩阿逸多王（Vikramāditya―正勤日、超日）という王がいた。（この王名は『伝』の、阿緰闍国に於ける雪辱の話の場合と同一の王名。）彼の王は或る事から世親の師たる如意論師（末笯曷剌他論師 Manoratha 前には師を仏陀蜜多羅、マノーラタと世親は余国に往って不在となっていたマノーラタがここでは世親の師として登場）に怨みをいだき、如意論師が外道九十九人まで破ったのに、残りの一人になって、王の怨みのために、如意論師が辱かしめられるという結末になった事件があり、それが後に世親によって雪辱せられるという記事である。この記事によって、ともかく、仏陀蜜多羅のみならず、末筊曷羅多もまた、小乗時代の世親の師たることがわかるわけである。

さて『伝』によると、世親は外道と論議をした後、正法を成立せんとして『毘婆沙』を学ぶことになるが、この学習が、延いては彼の有名な『阿毘達磨倶舎論』の製作につながることになっていくのである。即ち世親は『毘婆沙』を学び、講じ、そして、一日講じては即ち一偈を造って一日所説の義を摂し、かくの如くして次第に六百偈を造って『毘婆沙』の義を摂したのであるが、即ち是れが彼の『倶舎論』である。

『伝』は更に引続いて次のように述べている。即ち世親は、この偈を以て罽賓、即ち伽濕弥羅の諸毘婆沙師に寄与したところ、彼等は世親が我が正法、即ち有部宗を大いに弘宣してくれたとして喜び、而して更に法師に、偈のままでは意味を尽くし難いとして、長行を造って偈の義を解さんことを請うたので、法師は即ち長行を造って薩婆多の義を充し、往々にして経部の義を以て薩婆多の義を評破し、重ねてこれを寄与したところ、罽賓の諸師はこれを見て憂苦を生じたと伝えている。『倶舎論』の製作を『伝』では「阿緰闍国に於ける撰述となすが如く」と云うものもあるが、厳密に云えば『伝』ではその場所を述べてないと云う方が正しく、従って『記』に云う如く、健駄邏であったとしてもよいと思う。

その点『西域記』巻二には、健駄邏国の都城布路沙布邏（富婁沙富羅）の城外、迦膩色迦所建の伽藍の僧房を示して「世親菩薩は此に於て阿毘達磨倶舎論を製せり」と明記している。而して『倶舎論』

の『光』・『宝』二書には（記一三十三丁左、疏一十七丁右）、恐らく玄奘の所伝と思うが、『倶舎論』が出来るに至った縁起が『伝』よりやや詳しく載せられている。即ち云う、世親は有部で出家し、有部の三蔵を受持していたが、後に経部を学び、有部の義に於て時として取捨を懐くに至り、そこで有部の本所、迦湿弥羅国に往いて有部を研究し、是非を考定せんと思い、彼の国の事情を考慮し、本名をかくして潜入、而して四載を経て有部の三蔵を遺す所なく研究した。この間、しばしば経部の義を以て有部宗を難破した。時に悟入尊者なる者あり、入定して、彼がかの有名な世親なることを知り、ひそかに告げて云うに、大衆中には未離欲の者あり、長老が世親なりとわかれば、恐らく害を加えるようなことになるから速やかに本国に帰らるべしと。世親はそこで急ぎ本国に帰り、久しからずして『倶舎論』六百行の頌を造り、門人をしてそれを迦湿弥羅国に寄往せしめたのである。迦湿弥羅では、それを以て我が有部の宗義を弘めるものとして国をあげて歓んだのであるが、独り悟入尊者のみは、頌に「伝説すらく」という言葉があるのを見て、これは我が宗義への不信を表わす言葉である、世親の長行釈を請わねば真意がはかり難いと云うので、国王及び衆僧は、使を発してそれを請うた。そこで世親は本文を釈すること凡そ八千頌、それを持たせて使を還したところ、果たして悟入の言う所の如くであったと云うのである。それが今の『倶舎論』である。

『倶舎論』と云えば、それと離すことの出来ない因縁を持つものに、衆賢（Sanghabhadra）論師の『順正理論』の因縁話がある。その話は『記』巻四に出ている。『光記』にはこれを載せないが、『法疏』一（十八丁右）には『記』を依用してこの事を云っている。その事というのは、悟入の弟子に聡敏の誉れ高く、早くより有部の毘婆沙を研究していた者に衆賢論師なる者があった。彼は世親の『倶舎論』を見、十二歳の研究を重ね、『倶舎雹論』二万五千頌を造り、『倶舎論』を駁し、世親を斥けんとして、当時礫迦国の奢羯羅城にいた世親を追ったのである。世親は、衆賢の論を破らんとすれば掌を指すが如く破り得ると思ったが、論争するを好まずして遠遊してしまったのである。遅れて至った衆賢は、どうした事か、忽ちに気の衰うるのを覚え、まさに死の至るを知り、世親に書を送り、論を呈し、却って自己の非を謝してその寿を終ったのである。世親はその『論』を閲し、我が宗を発明する所有りとして『雹論』と云うを改めて『順正理論』としたと云うのである。

『倶舎論』を取り巻く話として、『伝』には衆賢論師との話以外に、外道との論争が出ており、衆賢との話も、『記』とは異った形で記事にせられている。前者について云えば、阿緰闍国の新日王は法師の大いなる信者であり弟子であったが、その王の妹の夫に婆修羅多という婆羅門があり、能く『毘伽羅論』を解する者がいた。天親が『倶舎論』を造るや、この外道は『毘伽羅論』の義を以て法師所立の文句を破し、もし法師にしてその破を救う能わずんば、この『論』は即ち壊せんと。そこで法師は『毘伽羅論』三十二品の始末を悉く破し去ったと云うのである。そこで王及び王母は、法師の労をねぎらい、三洛沙の金を法師に奉ったので、法師はこれを三分し、生国の富婁沙富羅国と罽賓国、即ち伽湿弥羅国と阿緰闍国に各々一寺を建立した。ところが一方の外道の婆羅門は、慚忿やるかたなく、飽くまでも法師を斥伏せんとし、僧伽跋陀羅（Saṅghabhadra 衆賢論師）を請じ、阿緰闍国に来って論を造り、『倶舎論』を破せしめようとしたのである。その論を、一は『光三摩耶論』、二は『随相論』と云う。前者三摩耶とは義類の義で、この『論』は一万偈、専ら『毘婆沙』の宗義を顕わしたもの、即ち玄奘所伝の『顕宗論』に当るもの、後者『随相論』は十二万偈、『毘婆沙』の義を救うて『倶舎論』を破したもので、『順正理論』に相当するものであろう。『論』が出来上ったところで天親を呼び、論じて当否を決せんとしたのであるが、天親は『倶舎』の義を壊す能わざることを承知しながら、論決を避け、「我今すでに老いたれば汝が意に随わん。我昔論を造りて毘婆沙の義を破したり、亦た汝を将い面のあたり共に論決せじ、汝今論を造る、何ぞ我を呼ぶを須うるや、有智の人は自ら当に其の是非を知るべし」と云って論決を避けている。

さて『倶舎論』を取り巻く話は『伝』と『記』との間に様子の違いがあるが、その中、衆賢の手元では『倶舎雹論』、それを世親によって『順正理論』と改められたと云うについて、近世の湛慧は、『指要鈔』に於て、『順正理』の題号は衆賢自らの所立とし、その証として同作の『顕宗論』中に出ていることを証拠としている。即ち『顕宗論』の初めに序品及び七言二十句の偈があるが、その中に、「我以㆓順理広博言㆒」とか「已説㆔論名㆓順正理㆒」とかと云われている。その他『顕宗論』の処々に、例えば巻二八丁、同四七丁等に説いて「如㆓順正理㆒」とあるので、この考え方に従う者多く、『西域記』の説は当時の異説を云えたものとされている。蓋し衆賢の意は、正理を以て『倶舎』を駁したのであるから、衆賢の立場から云えば『正理』がそのまま『雹論』であったのである。従って両者は異説と云うよりも、同一説が表裏をなして伝えられたもの、従って『正理』がまた『雹論』とも云われたと思う。

『伝』及び『記』によるに、小乗時代の世親に関する記事は、ほぼこれを以て終了し、『伝』の順序では、次に大乗への転向について述べている。即ち十八部の部派に通じた世親は、部派を執して大乗を信ぜず、大乗は仏説に非ずと大乗を毀謗していたのである。時に長兄の無著は、生国富婁沙富羅（丈夫国）に在住していたが、世親の毀謗大乗のことを知り、阿緰闍国の世親のもとに使を遣わし、

「我今疾篤し、汝急ぎ来るべし」と報ぜしめたのである。世親は使に随って急ぎ本国に還り兄を見舞ったところ、無著は「我今心に重病有り、汝に由りて生ず」と云い、また「汝は毀謗大乗の故に必ず悪道に淪まん、我今愁苦して命将に終らんとす」と告げたので、世親は驚懼し、無著に大乗要義の解説を請い、それによって大乗の理の小乗に過ぐることを悟って大乗に転向し、その後も無著について遍く大乗を学び、悉く大乗に通達するに至ったのである。その後彼は、毀謗大乗のことを懺悔せんとし、舌に由るが故に大乗を毀謗したのであるから、舌を割いてその罪を謝せんとしたのであるが、無著に「汝は舌を以て大乗を毀謗したり、汝若し罪を滅せんと欲すれば、その舌を以て当に能く大乗を解説すべし」と誡められ、その言に従ったと云うのである。

『記』の巻五にも世親の廻小向大の事を述べているが、『伝』の記事とよく似ている。ただ異る所は、『記』では、当時無著は阿緰闍国に在り、而して世親は北印度より此に至るとなっておる。『伝』には、無著の解説によって大乗に帰したのに対し、『記』では、無著の弟子が、夜分戸牖の外に於て『十地経』を誦するを聞き、自ら感悟追悔し、甚深の妙法は昔し未だ聞かざる所なりと称して、毀謗大乗の舌をたたんとしたとなっている。而して『伝』では、「阿僧伽法師の殂歿の後、天親は方に大乗の論を造り、諸大乗経を解釈した、従って華厳・涅槃・法華・般若・維摩・勝鬘等の諸大乗経の論は、悉くこれ法師の所造なり、又た唯識論を造り、摂大乗・三寳性・甘露門等の諸大乗論を釈したり」と伝え、『記』では、「無著のもとに詣って大乗を諮受し、是に於て精を研き思を覃めて大乗論を製れること凡て百余部」と記している。そして『伝』では、彼の学徳をたたえ「凡そ是の法師の所造は、文義精妙なれば、見聞すること有る者は信求せざるなし。故に天竺及び余の辺土の、大・小乗を学する人は、悉く法師の所造を以て学の本となし、異部及び外道の論師は、法師の名を聞きて畏伏せざるなし」と云っている。

而して世親の廻小向大は、彼が衆賢の論難を避けて余国の旅に出る時、『伝』には「我今已に老いたり」と云い、『記』には「我れは衰耄せり」と云っているのからすると、晩年とまでは云わないまでも、相当の年輩に達していたと云ってよいと思う。また彼の死の、無著との前後についても、『伝』では「阿僧伽法師の殂歿の後、天親は方に大乗の論を造り」となっていて無著の捨命を世親の先としているが、『記』の巻五ではそれが逆になっている。即ち『記』では、無著に先立って捨命した世親が、捨命して覩史多天に往き、慈氏の内衆の蓮華中に生じている記事があるのがそれである。それはともかくとして、『伝』では「阿緰闍に於て命を捨つ、年終八十なりき、迹を凡地に居すと雖も理は実に思議し難し」とたたえて『婆藪槃豆伝』を結んでいる。

嘉祥の『百論序疏』には、世親を称して、「天親はもと小乗を学んで五百部の小乗の論を造り、……更に大乗五百部の論を造る、時に人呼んで千部の論主と為す」と云い、円暉の『頌疏』もまた「千部を製論す」と称している。勿論だから、千部の製作が文字通りにあったと云うのではないであろう。それは他の諸論師に対して、比較にならないほどの多部類と多部数との著述を遺したことを形容したものと理解してよいと思う。今日『大蔵経』中に収められているものについては、『昭和法寶総目録』第一巻所収に『大正新脩大蔵経著訳目録』があり、その中の「附、印度諸論師著目録」(p. 693)に出ている世親の項を見ればよい。勿論、二、三その中に取捨すべきものもある。例えば、その『目録』中に載せてある『発菩提心経論』『如実論』『遺教経論』及び『総録』に婆藪開士の項に別出している『百論釈』（これを嘉祥は天親のものとしたので『百論序疏』の文となったのであるが）等は、直ちにこれらを世親の作とするについては論のあることであり、或はまた、唯識研究に重要な役割をなしている『大乗荘厳論』や『顕揚論』については、『総録』は蔵経にそうなっているのでそのまま無著の撰としているが、拙著『世親唯識の研究』資料論で論じたように、両論とも、長行釈は世親の作だと思われるのである。これらのことに関しては、改めてここで論じようとは思わない。

以上は漢訳蔵経中のものについてであるが、名のわかっているもので既に逸して伝わらないものを述べると、既に述べた如く、『伝』に出てくるものとしては、『七十真実論』をはじめ、『勝鬘経論』『維摩経論』『三宝性論』『甘露門論』があり、また『記』に於ては巻四に『勝義諦論』が見えるのである。その他、世親のものとして梵本の『三自性頌』がネパールで発見されたこと、これには西蔵訳も現存していること、その他漢訳で知られていない世親の著述で西蔵蔵経中に存するもの等があるが、それらの事に関しては、これまた拙著『世親唯識の研究』の資料論に譲ることにする。

次には世親の出世年代についての問題が残っている。それについては、仏滅後九百年とするもの、一千年とするもの、或は一千百余年とするものがあるが、『倶舎論』巻二十九に「聖教は総じて唯住すること千載なりと云う」と云い、「既に知る如来正法の寿は漸次に淪亡して喉に至るが如し」とある語によって、仏滅後九百年とする説を採るべきだと云われている。それでは、その在世年代は如何というに、既に早くより高楠順次郎博士や荻原雲来博士等によって研究せられたのであるが、最も新しいものとしては干潟龍祥博士の「世親年代再考」という論文があり、そこでは、「支那伝訳史を基礎にして、それに婆藪槃豆法師伝を取入れ、更に他に根拠の見出せない場合、常識上最もあり得べしと考えられる点を入れ、常識上甚だあり得ないと考えられる点を除去して、幾多の仮定の下に設定した年代として、少しづつ年代の動くもの五説を想定し、其の中最も中庸を得たA説を採る」として、世親の生存を四〇〇—四八〇としている。細かい数に於ては少々の動きがあるとしても、高楠説にしても荻原説にしても、世親の生存年代を第五世紀中に収めることについては異論はないわけである。

二　唯識学史上に於ける世親と『唯識三十頌』との地位

世親の長兄であり大乗の師である無著を、唯識学史上、私は大成時代を造った人だとし、世親を以て、完成時代を出現した人だと考えている。両時代の違いと云うのは、前者が大成した唯識学が、後者によって普及の態勢に入らしめられたことを云うのである。ということは、世親によって、一方では、外道や小乗に対して唯識学の優位が確立せられ、他方では、唯識学の綱要書が作製せられて、誰にでも入り易き態勢にまで持ち込まれた状況を、私はここに完成時代と云ったのである。唯識学史上、こうした責任を果たしたのが世親であり、これが彼の唯識学史上の地位である。

次に『唯識三十頌』の地位についてである。『三十頌』は、『大乗百法明門論』や『大乗五蘊論』等と共に、世親によって作製せられた数ある綱要書の一つである。勿論『唯識二十論』や『大乗成業論』も綱要書の一部分であるが、前者について『了義灯』が「摧破邪山論」と云っているように、綱要書でありながら、『成業論』もそうであるように、それ自身独自の意味が持たれている。『百法論』や『五蘊論』は、純粋に綱要書であるが、これまた『了義灯』が、前者については「略陳名数論」と云い、後者については「粗釈体義論」と云っている通り、文字通りに略陳、粗釈のものである。これに対し、『三十頌』は全くその趣を異にするものである。いわゆる「高建法幢論」と云われている通り、これ有るによって前代の唯識学が総括され、同時に以後の唯識学の出発点となって、十大論師等の分派時代を出現し、延いては中国・日本の唯識学へと延長されるに至ったのである。玄奘の伝えでは、「本頌は唯正説有るのみ、世親菩薩臨終の時に造れり、未だ長行に広釈することを為さずして便ち卒しぬ」と云っている。その事実如何は調べようがないが、教義内容的に云うと、質的には確かにそう云いうる内容を含んでいるものである。

序論

一　世親造以外の帰敬序と釈結施願分との前後の両分をも含め、世親造のもと、本頌『三十頌』の名の下に統摂せられている問題について

『唯識三十頌』というのであるから、三十の頌より成り立っているのは当然である。しかし、それを伝承してきた日本の法相宗では、『唯識述記』一本（p. 13, b）に、

「本文を判ずれば此の『論』の本頌（三十の頌）、唯だ正説のみ有り、世親菩薩臨終の時に造れり、未だ長行に広釈することを為さずして便ち卒しぬ。故に初後の二分の文なきなり。其の釈文を論ずるに具さに三分有り。初に帰敬頌と及び次の長行とは、是れ「宗前敬叙分」なり。「云何世間及諸聖教」（『論』巻一、p. 1, b）より下は、正しく本文を釈し、「依教広成分」と名づく。「此論三分成立唯識」（『論』巻十、p. 31, b）より下は、是れ即ち第三に「釈結施願分」なり、此れ乃ち彼の釈文を判ずるに斯の三分有り。」（原漢文）

と云う。こうしたことを充分に承知しながら、しかも『唯識三十頌』という題名のすぐ次の行に「世

親菩薩造」とし、そして玄奘訳のことには触れず、「世親菩薩造」の中の記事として「稽首唯識性」の一頌、即ち「帰敬序」をあげ、次に三十の頌、そして最後に、同じく「世親菩薩造」の記事の中のものとして「已依聖教及正理」の一頌、即ち「釈結施願分」を付加し、そういう形の下に『唯識三十頌』として書写もし、印行もし、読誦もし、そしてまた講釈をもしてきたのである。

さて『三十頌』と称しながら、三十の頌以外の前後の両分を付するようになったのはいつ頃からであろうかということになるが、鎌倉時代の唯識学者として、当代の第一人者、笠置の解脱上人貞慶（A.D. 1155―1213）に『注唯識三十頌』一巻（『仏教全書』所収）あり、また『唯識三十頌抄』一巻（青蓮院蔵）の著があるが、前者には著述の年を誌していないが、後者には、

建仁元年辛酉春三月比為豫自□合同法抄之不顧萬失□思一要矣　沙門釈貞慶

とあるのによって、建仁元年（A.D. 1201）の作であったことがわかる。（拙著『唯識学典籍志』p. 429～430）それ以前、三十講会の録として、既に護命、行賀、善珠、徳一等にも『三十頌』の註述があったことがわかるが（『三十頌帷中策』）現存していないので、南都で『三十頌』に、前後の両分を付していたか否か、厳密に云えば不明である。しかし解脱上人の鎌倉時代には『三十頌』の題の下に両分が付加されていたことは前述の通りである。江戸時代、興福寺一乗院主真敬法親王の『三十頌錦花』もその通りになっているし、現代の南都法相宗でも、その通りにして、前後の両分を付していることは、昭和十五年に、法隆寺から刊行された『新導成唯識論』の巻首に付せられた『唯識三十頌』がその通りになっており、また、そのように講前に読誦されるのが南都の古則であり、それは今日もそうなっているのである。今のところ、文献的には鎌倉時代までしか遡ることは出来ないが、私の推定では、奈良

時代は勿論、恐らく中国唐代から、彼の地に於て、既にこういう形式になっていたのが、わが国に伝承されたのでないかと思われるのである。即ちその理由というのは、『唯識述記』一本（p. 13, b）に、

「彼の釈文を判ずるに斯の三分有り（宗前敬叙分乃至釈結施願分）、初の分（宗前敬叙分）の中に就いて、此の初の一頌は、彼の護法等、福田に帰敬し、力を憑み、護りを求め、誠を投じ、己れを述べ、『論』を釈するの因を彰す、次に諸の長行は、即ち安慧等、『論』の本師（世親）は、含識をして勝果等を得せしめんが為めに『論』の本頌を製する造論の由を明かす、これ即ち分別不同の科なり、然るに釈論の意に准ずるに、本師（世親）も亦た爾なりと知るべし、しからずんば、本師（世親）豈に令法久住、利楽有情をせざらんや」（原漢文）

即ち右の記事によると、長行釈で、安慧等が、本論師世親が如何なる考えの下に『頌』を造ったかを探ろうとしているのであるが、それを帰敬序の頌の文に当てはめると、「我今釈彼説」の「彼説」、即ち世親の意嚮に当るのであり、同時に、彼の説、即ち世親の意嚮を探り当て、それがそのまま世親の意嚮に合致しているということ、それが「釈彼説」に当ることになる。

而してそれを内容的に表わすとなると、本師世親の意嚮、即ち「彼説」は「含識をして勝果等を得せしめん」が為めの造頌であったことを探り当てた、「釈彼説」の「釈」であったわけである。もしそれを、もっと大局に立って云うならば、「含識をして勝果等を得せしめん」ということは、唯識を成立することによって初めてなしとげられるのであるから、その点、本釈両論師の意は完全に合致することになる。そこを慈恩は、「釈論之意に準ずるに本師も亦た爾なりと知るべし」（『唯識述記』一本 p. 13, b）と云って、釈論師の帰敬序を、意味的に本論師の意嚮として合致せしめているのである。次

に「利楽諸有情」の句については、上述のところ、勿論、自ずからこの句の意味が含まれていることは言うまでもないので、句は釈論師の作であるが「本師豈に法をして久しく住せしめ、諸の有情を利楽せしめんや」と称し、亦た本釈両論師のこころを合致せしめているのである。後の「釈結施願分」については、こうしたことに触れていないが、序分の如く考えてよいのでないかと思う。

中国での法相の第三祖、樸陽の智周は、その著『唯識演秘』一本(p. 7, a)に於て、このことに関し、「本と釈との両師論を造る、而して意一種なり」と云っている。私は先に、世親造の名のもとに、而して三十の『頌』と題しながら、序と結との二分が前後に付加されているが、それは恐らく中国唐代から、彼の地に於て既にそうした形式がとられていたのでないであろうかと推定しうる理由があると云ったのは、『述記』や『演秘』のこの記事によったからである。別の言い方をすると、それらの記事は、そういう形式のものを会通する記事のようにも思えるからである。

奈良時代から平安の初めにかけ、慈恩大師の生れ変りだと評判された位に唯識の学問に達した人に善珠(723—797)僧正という人がいた。彼はその著『了義灯増明記』巻一(大正蔵六五 p. 341, c)に於て、

「天親菩薩、有情を利し、法をして久しく住せしめんがために如上の教(華厳経等)に依りて『三十頌』を製し唯識の理を明かす」

と称している。釈論師の頌、第四句の「利楽諸有情」は、ここまでくると「天親菩薩有情を利し云々」となって、本釈両論師の意嚮は完全に一体化されているのである。帰敬序が釈論師のものだと、物理的には百も承知した上で、しかもこうしたことがなされている意味を理解すべきであると思う。でないと、『三十頌』というのであるから前後の二分を付するのを無用視したり、批難したりし、それを

却って学問的だなどという独りよがりの論に陥る者があるからである。

但し『三十頌帷中策』(p. 11,a)、この書は嘉永七年(1854)左海大円の著であるが、そこに次のような記事がある。参考までに出しておく。

問蔵中有二三十頌論文一、又有二三十二頌一本一、何為レ勝耶、答南都古有二種種異本一、南寺相伝、依二三十論一、世親菩薩之所製也、北寺相伝依二三十二頌本一。

二 『唯識三十頌』の科釈——三種の三分科について

『唯識三十頌』の章節の分け方、即ちそれを分科とか科判とかと呼んでいるが、先ずその分け方から述べることとする。慈恩の『唯識述記』巻一本(p. 39,a)(同巻九末 p. 6,b 参照)によると、三種の三科と称して、本頌全体を三章に分けることには変りはないが、その分け方については、異った三種類の分け方があるとして、三種類の分け方を紹介している。即ちその第一のを相・性・位の三科と云う。『述記』ではそれを、「一の三に云く、前の二十四頌は宗に識の相を明かす、即ち是れ依他なり。第二十五の頌は唯識の性を明かす、即ち円成実なり。後の五頌は唯識の位を明かす、即ち十三住なり。」(原漢文)と云っている。こうした分類の仕方について、『述記』は、『成唯識論』巻九(p. 3,b)に、「是くの如く成ぜられぬる唯識の相と性とをば、確かに幾ばくの位に於て、如何がしてか悟入する」(原漢文)とある文に由るからだと云っている。この三科によれば、三十の頌を分って、初めの二十四頌を一群として唯識の相、即ち依他起性を明かす一段とし、次の第二十五頌一頌を第二段とし、唯識の性、即ち円成実真如を明かす一段とし、そして最後の五頌を一まとめとして唯識の位、即ち唯識に悟入する位階を明かす一段とするので、この分け方を相・性・位の三科と云うのである。

次に第二の三科についてであるが、この第二のを彼は初・中・後の三科と云っている。そしてその根拠は『成唯識論』巻十（p.31,b）に、「此の『論』は三分として唯識を成立す」（原漢文）とあるのに由ると云うのである。この分け方について、『述記』一本（p.40,b）に、

「第二の三に云う、此の『三十頌』を初・中・後に分かつ。初の一頌半は、略して心に離れて別の我法なしと云うことを標し、以て『論』の旨を彰し、唯識の相を弁ず。次に有る二十三行頌半は、広く唯識の、若しは相、若しは性を明かして諸の妨難を釈す、後の五頌は唯識の行位を明かす、大意は前に同じなり、故に第十巻の『論』の末に説いて、是くの如く三分として唯識を成立するなりと云う。」（原漢文）

と云っている。而して文中、もし第二段の、若しは相、若しは性、而して妨難を釈すという二十三頌半を細分すると、その中、初めの十五頌半は、広く唯識の若しは相、若しは性等を解し、次の七頌は諸の妨難を釈し、次の一頌は唯識の性を明かすということになるのである。

次に第三の三とは、境・行・果の三と分けるのを云うのであるが、それを『述記』一本（p.41,a）には、

「第三の三とは、文に説くことなしと雖も、諸の経論に准じて此れを判ずるに三有り、初の二十五頌は唯識の境を明かし、次に有る四頌は唯識の行を明かし、末後の一頌は唯識の果を明かす。先に所知を観じ、方に勝行を起す、因行既に修し、果徳乃ち円かなる故に三と為すなり、此は皆、

『瑜伽』・『摂論』を釈するに准ず、故に此の判有り、然るに初の境の中に世俗諦有り勝義諦有り、一切の所知は唯だし此の二なるのみなるが故に。」(原漢文)

と云っているのである。而して以上、三種の三科を各別に総括すると、

第一		第二		第三	
相	初廿四頌	初	初一頌半	境	初廿五頌
性	次一頌	中	次廿三頌半	行	次四頌
位	後五頌	後	後五頌	果	後一頌

となるし、もし相互に関連せしめて総括すると、

第一		第二		第三
初廿四頌(相)	初一頌半(総論)	(初)	初廿五頌	(境)
	次二十二頌半(相)	(中)		
次一頌(性)	次一頌(性)			
後五頌(位)	次五頌(位)	(後)	次四頌	(行)
			後一頌	(果)

となる。即ち三種三科の中、いずれについてみても、初めの一頌半は全体に対する総論となり、以下はそれを広く分別する各論という関係となる。

三　『三十頌』を三科とした場合の『頌』の説意について

第一と第二の三科は『成唯識論』の中の言葉を根拠とし、第三のは、『瑜伽』『摂論』等の釈例に準じたもので、いずれにしても形式的なもののように思われるかも知れないが、しかしこの分科の内面には、人間の現実に対する批判と、人間の在らねばならない理想と、そして理想実現への道、そうした狙いで『三十頌』を見窮めていこうとする慈恩の思想が盛られ、その思想から『三十頌』を眺めた分科であるから、ただ他を模した形式的なものとして軽視し去るということは慎まねばならない。では分科の内容に潜む慈恩の思想とは何であるのであろうか。

先ず第一の三科についてである。相・性・位の三科は『三十頌』の説意を次の通り理解することによって、そういうように分けられると云うのである。即ち『述記』一本 (p. 39, a) に、

「諸々の異生等、無始の時よりこのかた、心の虚妄の性を了知すること能わず、心に離れて外に実の境ありと執し、彼の境に離れて別に実の心ありと執し、妄りに二取を計して真と為し、実と為す、故に『頌』に説いて言う、唯識のみにして境界は無し、塵無きに妄りに見るを以て、人の目に翳あって毛月等の事を見るが如しと云えり。

我を執し法を執し、具さに二障を生ず、冀くば諸々の智者、法の妙薬を授かり、障をして断除

せしめんことを。小聖と邪師とは智なお微かにして闕け、解、迷謬を生ぜり、菩薩、大悲を以て、彼の我と法との執を除かんと欲するが為めの故に、妄心を離して別の二取無きことを顕わし、唯だ識のみ有りと説く、是の故に最初に種々の方便を以て広く分別して識相を説き、厭と断とを生ぜしむることを知らしめ、依他起に即して二取を除かしむ。」(原漢文)

と。右の文中、「故に『頌』に説いて云う」という頌は『三十頌』ではなく、後魏時代、般若流支三蔵の翻訳にかかる『唯識論』(『大正蔵経』三一、『唯識二十論』の異訳)の冒頭の頌である。慈恩によると、初めの二十四頌を相と科して一科としたのは、右のような意味の下にまとめられるので、本論師の意を汲んで釈論師がそうしたに違いないと云うのである。

次に僅か一頌であるが、第二十五頌を科して性の科と見たのであるが、それについて『述記』一本(p. 39, b)には、前の相の科が一まとめとされた意味を受けついで、次のように云うのである。云く、

「此の心は虚妄顕現すと知ると雖も、而かも未だ真性は是れ何んと云うことを了達せず、若し未だ真を知らずしては妄を了せざるが故に、是の故に『経』に、真如を見ずして、而かも能く諸行は皆幻事等の如く有なりと雖も、而かも真に非ずと了することは非ずと言えり、是の故に初に次いで唯識の性を明かす、即ち円成実なり、如は一味を顕わさんとしての故に一頌に明かせり、前(二十四頌)は世俗諦なり、後(第二十五の一頌)は勝義諦なり、二取を除かんが為めに広く(真俗二諦)を説くなり、意ろは有情をして妄を断じ仏を成ぜしめんとなり。」

と云っている。ここに『経』に云々という『経』は、『成唯識論』巻八(p. 32, a)所引の『厚厳経』を指しているのである。ここで云わんとするところは、『三十頌』の第二十二頌の第四句に、「此れを見

ずして彼れを見るものには非ず」(「非不見此彼」) と云っているように、唯識の相たる依他如幻の性は後得智の了するところ、その後得智たるや、真如を証した根本無分別智の後得である。故に初めに、我法を執ずるものに対して唯識の相を以て答え、しかも唯識の相は、唯識の性を証しなければわからない。相の科で解説された二障二執が迷妄であることが、真に迷妄だとわかるのは、真如、即ち性を証得することによって初めてわかる、それを、此れ(真如)を見ずして彼れ(相たる依他起の迷妄の世界)を見るものには非ずと説き明かさんとして、先ず相を説き、而して次に性を明かしたと云うのである。意を得れば文は解し易いと思う。

次に最後の五頌を位と見立てたことについてである。『述記』一本 (p.40,a) に云う、

「如来の功徳は殊妙にして辺無し、少しく修行して能く円に証すべきものに非ず、故に次の第三に唯識の位を明かす、彼れ修行する時、三大劫を経たり、十三住を総じて略して五位と為す、謂く資糧等なり、かならず無辺の因を以て無辺の果を得るが故に、時長遠に修行して障を断じ、方に能く菩提涅槃を証得する。」

と云い、相・性・位の三科全体にかけて、

今論の所明は意ここに在り。

と結んでいるのである。慈恩の言葉を以てすれば、三分を科釈と云い、盛られた内容を頌意と称している。

次に第二の初・中・後の三科、第三の境・行・果についてであるが、科釈は既に述べた通りであり、頌意についても『述記』では「大意同前」と云っているから、改めて述べる迄もないことだと思う。

四　帰敬序の作者について

この帰敬序の作者が誰であるのかということについて、『述記』では、或は護法等と云い、或は安慧とも述べているので、それだけでも問題がある。しかし従来の考え方としては、いずれかと云えば安慧の作だという議論が強いようである。にも拘らず、現存の梵本の安慧釈にはこの帰敬序が無いと云うのである。だからここでは、私見を開陳しておく必要がある。問題はこうである。即ち『述記』一本（p. 13, b）によると、「此の初の一頌は、護法等、福田に帰敬す」と云っているのであるが、しかし別の場所『述記』一本（p. 21, b）では、「我は即ち安慧自ら己身を指すなり」と述べている。帰敬序の我の字の右肩に「我即安慧（約₌造頌者₋）」とし、その左に並べて十大論師と傍註しているのが、従来伝えられてきたままのことを書きつけているのである。では先ず、この両説の関係を従来どう扱っているのかというのに、第一の釈は、この論は十師の合糅の論である。事実は第二釈の如く、造頌者は安慧であったのであるが、しかし『論』初の撰号に「護法等菩薩造」となっているのであるから、それに準じ、調子を合して「護法等」と云ったので、両者は決して矛盾したものではないと云うのである。しかし問題は、そうは云うものの、前弁の如く、現存の安慧の梵本には、従来安慧の作だと云われてきた帰敬序が存在していないということが起っているのであるから、この現存梵本に帰敬序無しということと、「我即安慧自指己身」と云ってきた従来の伝説との相違をどう理解すればよいかという、新たな問題が起ってきたわけである。

一番単純な解決は、現在の梵本に権威を持たせて、従来の伝説は、それは伝説だけのもので事実と相違していて信用の出来ないものだと割り切ってしまうことであろう。しかし梵本の異本・異訳ということを歴史的に考えてみると、そういう単純な解決の仕方というものは余りにも梵本の多種多様に移りゆく現実を無視したものだと考えざるを得ない。殊に今の場合のようなのは、玄奘自身安慧の梵本を将来し、手元に置いていた人であり、その玄奘の下で、翻訳に従事し、玄奘の指示に従って述べた言葉であることを考えた場合、先の単純な考え方は私の採る所ではない。

この問題についての私の考えはこうである。即ち玄奘の将来した安慧の梵本には、安慧の造として帰敬序が存在しており、人も我もこれを認めていたに違いない。でなければ、十師の梵本釈論を手にしていた玄奘や慈恩が、『述記』の説のように、「我即安慧」などと云うわけがない、と信用するより他はないと思う。では現存梵本の安慧釈論には、なぜそれが無いのであろうか、ということになるが、これまた、ネパールでレヴィ教授によって発見されたものには、それが無いというだけのことである。無い理由が、現存の梵本は、玄奘時代に序の在ったものが脱落して今の梵本となったとも考えられるし、或は帰敬序の有無については、玄奘時代に既に異本が発生し、今の梵本は序の無いもの、それが伝承されてきたのだという考え方も成立する。要するに今のものには存在しないが、玄奘の将来本には存在していたのだというだけのことである。

しかしまたこういう一説がある。それは『同学鈔』巻一之四（p.21,a）の「我即安慧」という論題下の義で、この『序』は、十大論師に通ずるものゆえ安慧に限ったことはないけれども、「安慧自指」と釈したのは、この次の縁起段に三家の釈があり、その中、最初のが安慧の義であるので、その最初の安慧の義に準じて「安慧自指」と称したと云うのである。これも確かに一義であるが、それでは具体的に、一体この『序』は誰の作だろうかという問題になると、そのためには何らの回答にもならないので、今の場合は従うわけにはいかないと思う。

本文解説

帰敬序（宗前敬叙分）

一、本文

稽二首唯識性　満分清浄者一、
我今釋二彼説一　利二樂諸有情一、

二、訓読

唯識の性に於て　満に分に清浄なる者《ひと》を稽首す、
我れ今彼の説を釈し、　諸の有情を利楽せん、

三、解釈

①稽首

稽は至なり、首は頭なり、頭を地につけて礼拝すること。この二字を、次の「唯識性満分清浄者」に対して能敬の相、即ち仏菩薩に対して敬意を表わす姿と称している。今は稽首と称して身体の動作

のみで説明しているが、実には「理三業に通ず」と称して身・口・意の三業とも、敬するにふさわしい状態でなければならぬことは云う迄もない。詳しくは『義林章』第四本に「帰敬章」の一章を設けて六門分別している。

② 唯識性満分清浄者

先の稽首を能敬の相と云うのに対し、今の八字は所敬の体をあらわすと云っている。稽首せられる相手方、を示したものである。

③ 唯識性ということ

上に「稽首」と云い、下に「満分清浄者」と云っているから、ここで云う「唯識性」が、真如法性を意味することは明瞭である。しかし唯識家の人々は、『成唯識論』に基いて『述記』がそうしているように、上下の規定を離れて、広く「唯識性」という言葉の教学的意味を追求するのである。即ち『成唯識論』巻九(p.3,b)に、「唯識の性に略して二種有り、一には虚妄、謂く遍計所執、二には真実、謂く円成実性なり、虚妄を簡ばんとして実性と云う言を説けり。復た二性有り、一には世俗、謂く依他起なり、二には勝義、謂く円成実なり、世俗を簡ばんと為すが故に実性と説けり」(原漢文)とあるのをきっかけとして、その作業を進めるのである。

さて『三十頌』で云えば、第十七頌で「故に一切唯識のみなり」と先を結び、既に一切唯識たることを論成しているにも拘らず、この期、即ちはるか後の巻九になってから、何故に『論』が唯識性に関して如上の論を繰り返すのであろうかと不審に思われるかも知れない。私憶うに、成る程『三十頌』では第十七頌で、一切唯識たることを論成し終っている。しかし『三十頌』では、次に「由一切種」より「復生余異熟」に至る二頌（頌全体から云うと第十八と第十九の二頌）、その次の「由彼彼遍計」より「所執我法性」に至る五頌（頌全体から云うと第二十頌より第二十四頌にいたる五頌）、これを『述記』では『成唯識論』の説意を簡単に、前者を違理の難、後者を違教の難を釈すと科しているが、もしそうであるとするならば、今の『論』第九の文は、第九巻に来って述べられるのが当然である。何となならば、『論』第八（p. 26, a）に、「若し唯識のみ有りと云うならば、何が故ぞ世尊は処処の経の中に三性有りと説き給えるや」と、即ち唯識と云えば唯識一性であるべきであるのに、三性有りと云うのは、一性と三性と矛盾し、唯識と云うことは三性と説かれている経説に相違をきたすことになるではないかと、所謂る違教の難を設けたのに対し、「応に知るべし三性も亦た識に離れず」と答え、そして三性三無性の頌を説いているのであるから、『論』第九に来って、上の論文、即ち唯識たることと、三性従って三無性をも含め、それは唯識一性というのと矛盾することなし、唯識一性に帰すると述べているのは、全く時と処を得た発言だと云わねばならない。今『帰敬序』に於て「唯識性」の言葉が出てくるので、その場所での限定された意味を超え、『述記』では、広く如上の「唯識性」の解説をここに持ち来り、『論』の意味を把握し、更に自己の見解をも案出し、以て『頌』及び『論』の究明に遺漏なきを期しているのである。

唯識性の原語が vijñapti(識)-mātra(唯)-tā(性) であり、「唯識たること」という意味であることは周知の通りである。しかしその唯識性を、上所引の如く『論』第九では、遍・依・円の三性に通じてこれを語り、『述記』では更に性・相に約してこれを論じているように、その何を押えてその内容を理解するかという、所謂る出体釈になると、言葉は同じでも、その時々によって意味は相違してくる。言葉としての唯識性は、包括的であるが、文章中に出てくる唯識性は、その時々に応じて個別的である。『序』の唯識性は、言葉として包括的であるが、今の『序』の場合、それが何を押えて唯識性を意味せしめているのかと個別的に把握されていなければ、その意味を理解したとは云えないことになる。唯識性のこの両面を示し、而して『序』に於けるそれが個別的に何を意味するかを把えんが為めには、どうしても『述記』の試みのような操作を必要とするのである。では『述記』の為した操作如何ということになるのである。

『述記』一本 (p. 15, a) によるに、慈恩は先の『論』文に基いて、先ず三性に約して『論』文を理解し、次に『論』文にはないが、必要上、性相に約しての解釈を示している。三性に約しての理解というのは、「唯識性に略して二種有り、一には虚妄、即ち遍計所執なり、二には真実、即ち円成実なり、前の唯識性に於ては所遣清浄なり、後の唯識性に於ては所証清浄なり。又た二種有り、一には世俗、即ち依他起なり、二には勝義、即ち円成実なり、前に於ては所断清浄なり、後に於ては所得清浄なり、此の釈は下の第九巻の初めの唯識性に准じて解す」と云っているのがそれである。

次に慈恩は自解を追加し、性相に約して、「又た唯識に於て相と性を不同なりと言う、相というは即ち依他なり、唯だ是れ有為にして有無漏に通ず、唯識即相をもって唯識相と名づく、持業釈なり、性即是れ識は円成の自体にして唯だ是れ真如なり、無為無漏なり、唯識の性にして唯識性と名づく、依士釈なり、唯内に証する浄なり、依他を簡ばんが為めの故に識性と説く、何が故に簡ぶことを須いるとならば、㈠有漏の依他は敬すべからざるが故に、㈡無漏の依他も亦た俗諦なるが故に、㈢最勝に非ざるが故に、㈣諸の聖法の真実の性に非ざるが故に、㈤所証に非ざるが故に、㈥迷悟が依に非ざるが故に、㈦或は彼は即ち是れ満分に浄なるが故に、略して敬せざるなり」と云い、

「又た別の解有り、『枢要』上本（廿八丁右左）に説くが如し」と『枢要』の説をも紹介している。この慈恩追加の釈は、処々の文を根拠にして慈恩の自ら加えたものである。『頌』及び『論』文の釈が、三性と唯識とを対応せしめた違教の難の場所でなされたもの故、今の『帰敬序』の釈としては直接的ではないので、特に『帰敬序』の釈として直接的なものを追加したものだと考えられるのである。しかし一切唯識という本宗の主張から云えば、『論』文の釈はきわめて重要である。しかしまたいろいろの疑問も起っているので、以下そのことを述べてみたいと思う。

先ず『論』文の釈であるが、これは所謂る真妄相待の釈と称してよいのではないかと思う。即ち一には虚妄、即ち遍計所執を唯識性と云い、二には真実、即ち円成実を同じく唯識性と云うと云い、真妄を共に唯識性という言葉に吸収しようとしているのである。一般に真実、円成実を唯識性ということは、唯識性という言葉をどう理解するにしても抵抗はないようである。しかし、体性都無と云われる遍計所執を押えて唯識性ということについては、いろいろの疑問や、異義が生ずるわけである。子嶋の真興の『唯識義私記』一本（p.2,b）には、唐代の諸家、即ち智周の『演秘』、如理の『義演』、霊泰の『疏抄』、道邑の『義蘊』、わが国では信叡、仲算等の説をあげて、その理由を説明している。子嶋

は平安時代の人であるが、鎌倉期以後になると、『同学鈔』を初め『光胤記』、高範の『訓読之記』(写)等、これを論じないものはなく、殊に『訓読之記』は懇切丁寧である。

子嶋の『私記』では、「智周と邑の『記』とはその意同也、虚妄唯識の所変を以て唯識と名づく、『義演』と『太抄』とはその意同也、不離識の義を以て唯識と名づく」と称して二義にしぼっている。しかし私見を以てすれば、一応は二義にしぼっているが、道理としては結局、一に帰すると思う。何となならば、不離識という内容は、この場合、妄識所変の故に不離識となるのであり、不離識が成り立つためには妄識所変であるからである。

では次に、遍計所執を唯識性としたことについて、如何なる疑問が生ずるのかということになる。さて遍計所執ということであるが、遍計というのは、妄念妄想によって、ものをいろいろと思案すること、それを(周)遍計(度)と云う。そうすると、ものは、ものそれ自体の姿と異ったもの、妄念妄想にふさわしいように造り変えられてしまう。だのに妄念妄想の人は、その造り変えられたものを、本物だとして執着し、把えてしまう。そう把えることとそれを所執と云う。証りを開いたものは、ものそれ自体を正確に把握することが出来るが、煩悩に汚された知慧しか持たないものは、いずれもこの遍計所執のものにしか接することは出来ない。思うにこの遍計所執のものは、どこかにそれが存在するというものでなく、全く妄心によって造り上げられたもの、体も性も都て無なるものと云うので、それを体性都無と称している。その体性都無なるものを、即唯識性と云うのであるから、問題が起ってくる。良算の編集にかかる『同学鈔』一之四(p.2,a~b)では、問題提出の仕方を三つに分けている。

第一は、遍計所執は体性都無の法であるのに、それにどうして唯識という名を与えることが出来るのかと云うので、この宗ではこれを名体相違の難と称している。

第二は、唯識の唯の字には、簡持の義がある。即ち遍計所執を簡び去り、依他・円成を持ち取る、その意味を込めて唯識の唯の字を使用している。簡去すべき遍計所執を取り入れて唯識と云うのは、唯識の意味を全く無視した考え方だと云うので、これをこの宗では簡持違理の難と称している。

次の第三には、五重不摂の難と称し、これは慈恩によって組織立てられた五重唯識観によせての難である。即ち五重唯識観の第一を遣虚存実観と云うのであるが、この観は、遍計所執を体性都無、唯識ならざるものとして除遣する、しかるにもし遍計所執を唯識と云うならば、第一の遣虚存実観では除遣の法なる故にこれを収めることが出来ない。となると、どの観に収めればよいのか、収めようがないではないか、即ち遍計所執を唯識と云うこと自体から問題を正すべきだと難ずるのである。

以上、三点から疑問を提出しているのであるが、角度を変えて云っているだけで、疑問としては同質のものである。

さて第一の疑問に対し、『演秘』一本(p.8,b)では「遍計所執は体性無なりと雖も然かも是れ虚妄識の所執なり、亦た唯識と名づく」と云い、『義蘊』巻一(卍続七八、p.383)では「遍計は体無なるも妄識に由って変ず、亦た唯識と称す」と、而して『義演』巻一(卍続七九、p.6)では「遍計所執は体是れ無なりと雖もしかも唯識の性を離れず、性とは体性なり、是れ真如性の性に非ず」と、『太抄』については、先に述べたように、子嶋は『義演』と『太抄』とはその意同也と云っているが、現存の『太抄』は不完全本を版に起したものであるので、この回答の部分が脱落していて、明らかでないのであるが、然し子嶋が云うように、智周の『演秘』と道邑の『義蘊』とが確かに意同であるように、

『太抄』は『義演』に同じく、不離識を以て通じているのに違いないと思う。

さて『義演』が「性とは体性なり、是れ真如性に非ず」と云っていることは、vijñaptimātratā（唯識たること）という文字を総括的に理解しているので、この際、当を得た見解を示している。これを要するに、遍計所執は体性都無であるが、しかしそれは「虚妄識の所執」、「妄識の所変」、即ちわれわれの妄念、妄想によって造り出されたものであるから、妄識を離れたものでない、その意味で唯識という中に吸収せられねばならないと云うのが、第一の答である。では、第二の簡持違理の難、第三の五重不摂の難についてはどうかと云うことになる。

次に、第二の簡持違理の難についてである。唯識の唯の字に簡持の意味があると云うのである。慈恩は自著の処々に唯の字の意味を述べている。『唯識二十論述記』巻上（p. 2, a）には簡別の一義を、『唯識述記』一本（p. 47, b）には簡別と決定の二義を、而して『枢要』上本（p. 9, a）、『義林章』一末（p. 6, a）には、簡持と決定と顕勝の三義を出している。これらの義は、いずれも基くところの論本があるのであるが、今の問題は簡別、簡持についてである。簡別と簡持とは、意味的に同義であるが、簡持の方が完結した言い方である。この義は『成唯識論』巻七（p. 20, a）の、唯字の釈の前後の文意に基いてなされている。即ち、虚妄分別によって妄に執ぜられた実我実法の性、即ち遍計所執は、識ということから簡び別けられたもの、それを簡別と云っている。そして更に心・心所乃至は真如等は、識に離れざるものとし、識として持取せらるべきもの、と完結した言い方が簡持である。即ち遍計所執たる我法を識より簡去し、心・心所等を識として持取する簡取の義、それが唯の意味であると云うのである。唯識の唯の字をこう考えてくると、遍計所執を唯識と云うことは云えないではないかと云うのが、第二難である。

この難に対して『同学鈔』では、「遍計所執に於て、心外に有るを、内心に離れずと遣って持取するなり」と答えている。謂うこころは、心・心所等を識と限定することによってそれに非ざる遍計所執を心外の法とするけれども(簡去)、しかしその法は妄心の所産、妄心は依他起、識であるから、その所産は、能産の識を離れず(持取)となるのであるから、簡持の唯の義に背くものではないと云うのである。

次に、第三の五重不摂の難である。既に第二難を通じ得たその論理を適用すればよいわけで、『同学鈔』では、「心外の所執を遣って内心に離れざるの物を存す、故に遍計所執も亦た初重の唯識なり」と称し、五重に摂在すると会通している。以上は「稽首唯識性」の「唯識性」に因んで、唯識宗では、右のような議論がなされていること、その中、特に、虚妄唯識、遍計所執即唯識という論を述べたのである。而して『述記』のこの論が、さし当って「満分清浄者」という問題含みの論であるから、その清浄にかけて、虚妄唯識と云われるままが、上述の意味の下、所遣清浄と云いうると結んでいる。

次には、上の虚妄唯識に相待して真実唯識が述べられている。真実とは即ち円成実のことだと云っている。円成実とは pari-niṣpanna の訳で、直訳的に云うと円満成就の意味である。仏教は不完全(迷)なものを完全(悟)なものに円満成就する法であるから、その言葉の中には、自ずから虚妄を離れた悟りの世界、即ち真実ということが含まれており、意味的にそれがにじみ出ている、そこで訳語としては円成実と云うのである。しかし円成実という言葉だけでは、如何なる法を指示して円成実と云っているかは不明である。というのは、後に出てくる問題であるが、修行により円成された悟りの世界、煩悩を断じて得た無漏の世界全体、それを円成と云うことも出来るし、本来清浄なる真如法性の世界も、それは断煩悩によって円成されたものでなく、しかも常に一切法の所依となり、実性として、本来円成実なるもの、而してそれは、前の断煩悩で得たもの、即ち円成したものとは体は別であると云う。

ところが円成実という言葉だけでは、そのいずれを押えてそう云っているのか、全く不明である。『論』ではそれに触れていないが、『述記』では「所証清浄」と称して、ここでの真実即円成実は、煩悩を離れた無漏智によって証られる所、即ち所証の真如、それを円成実という言葉で押えているのだと説明している。『論』も『述記』も、この真実唯識と前の虚妄唯識とを一対とし、真妄相待せしめて、唯識性についての第一の説明をしているのである。そして次に第二として、「復有二性」と称して、今度は世俗と勝義を相待せしめての説明に移っている。

『論』では「一には世俗、謂く依他起なり、二には勝義、謂く円成実なり、世俗を簡ばんが為めの故に実性と説けり」と云い、『述記』ではその世俗即依他、勝義即円成と云われている法の体を明示する意味で、前者には所断清浄と云い、後者には所得清浄という説明を加えている。ここでは真妄相待の場合と異なり、唯識性という言葉で依他と円成とを示し、無体法たる遍計所執はこれを除いている。しかしこの依他、円成の体如何となると、やはり問題を生ずる。先の虚妄唯識ほどのことはないが、やはり『演秘』にこれを論じ、『同学』にこれを議し、而して『光胤記』『泉鈔』『訓読之記』等、これに触れないものはない。

ではどういうことが問題になるのかというと、先に述べたように、円成実という言葉を、それに相応したものを法体で表わすとなると、修行により、迷いを離れて悟りの世界を実現、円成する、そういう意味で、実現され円成された悟りの世界はすべて円成と云わるべきものである。即ち修行により、煩悩に汚されている有漏の世界を離れて成就された無漏の世界は、すべて円成実と云わるべき意味を持っている。或はまた、煩悩さえもそれを所依として成り立っている、一切法の実性として、本来清浄法として円成している真如無為、それもまた円成実と云われる意味を具備している。円成実という言葉を法体で示すとなると、こういう問題がからんでくるのである。

この学派では、その場合の円成実の体如何ということを念頭から離さないで、常に問題を処理するわけである。円成実を、悟り全体の世界として考える場合の扱い方を、漏無漏分別門と云う。即ち無漏の世界、煩悩から離脱している世界、その体が有為であろうが無為であろうが、それらを含めて円成実と云い、有漏法の世界に限って、依他法と云う言葉を使用するのである。ところが別の扱い方、それが有漏であろうが無漏であろうが、縁起の有為法たる以上、すべてそれを依他法とし、無為法たる真如、一切の縁起有為法の所依となり、実性たる真如無為、それに限って円成実と云う名を与えるのである。真如無為は常法、縁起有為は無常法である所から、この扱い方を為無為門と云い、また常無常門とも云うのである。で問題は、真俗相待して唯識性を論じている『述記』は、漏無漏門によって依他、円成を扱っているのか、為無為門に依って述べているのか如何ということ、それが問題となるのである。

このことについては、先に述べたように『演秘』『同学』等、種々に論じているが、それは読者自らの研究にまかし、今は『枢要』一本（p. 28, b）に、先の真妄相待と、今の真俗相待の唯識を合して十重の分別をしているので、それと『述記』とを照応せしめて論を詰める方が簡単だと思うので、そうしたいと思う。

先の真妄相待の場合は、虚妄即ち遍計所執を唯識性に収めることで議論になったので、体を示すことで問題になったのではない。今は、真俗を唯識性に収めることは問題にならないが、その体を出すことで問題になるのであるから、問題は全く別である。さて『述記』では、世俗について、「世俗即依他性」と云い、その説明として「所断清浄」と云い、勝義に関しては「勝義即円成実」と云い、その説明として「所得清浄」と云っている。これを『枢要』の十重分別に照応してみると、先ず世俗について「所断清浄」と説明していることを『枢要』に求めると、『枢要』の第四の「断除浄」というのがこれに当る。そうすると、その上方に、「四に唯有漏の依他を説くを幻識性と云う」という文字がある。よって『述記』で「世俗即依他性……所断清浄」と云う依他性は、有漏の依他に限定しているのだということがわかる。次に勝義について「所得清浄」と説明しているので、これを『枢要』に求めると、第二に「獲悟浄」という文字があって、それが「所得清浄」に当る。而してその上の文字を見ると、「総じて無漏を説いて円成と為す、菩提・涅槃皆是れ唯識性なり云々」と称しているので、『述記』で「所得清浄」と説明している円成実の体は、漏無漏門によって無漏法を意味せしめているのだということがわかる。即ち有無為門に於ける真如無為をも含め、一切の無漏法、即ち浄分の依他と無為真如とを、すべて円成実の体とし、ここではそれを唯識性としているということがわかるのである。

このような見易いことが、『演秘』『同学』等以後に於て、何故に問題になり、そして明快な結論が得られなかったと云うと、『述記』が、真妄相待と、世俗真俗相待の釈を出した後、「此の釈は下の第九巻の初めの唯識性に准じて解す」（原漢文）と書き加えている文章の意味の取り方を、『論』の第九巻の真俗相待の釈に於ける円成実が、為無為門、常無常門で解釈される、その解釈に準じて、今も為無為門で解釈するのだと取意したことに起因すると思う。即ち『枢要』等と照応してみると、上述の如く、そうは考えられない、となると、この相違した解釈を、一体どう扱えばよいのであろうかというので、議論がもつれてしまったのである。だからもし「此の釈……准じて解す」の文を、上とは別の解し方、即ち「此の釈」という釈を、円成実を釈するものとしないで、真妄相待と真俗相待の二段構えの解釈方法にかけ、今のこの二段構えの解釈方法は、『論』第九の二段構えの解釈に準じてそうしたのである。もし『帰敬序』に於ける「唯識性」の釈としては、次の性相相待の釈のみで充分なのであるが、『論』の第九に、その場合に適応した真妄相待、真俗相待の解釈がなされているので、この場合を利用し、広く唯識性ということを理解しておこうと考え、『論』第九に二段構えの扱い方が出ているその方法に準じて、ここにもまた二段構えの叙述をしているのである。しかしこの場合は別の扱い方、即ち性相相待の扱い方もあり、『帰敬序』の場合は、その扱い方の方が適しているとして、次の自義を設定したのである。こう理解することによってわれわれは、『論』『述記』『枢要』の記述を、矛盾なく理解しうると思うのである。

以上で『論』に準じて釈したという部分、但し真俗相待について、『論』は為無為門により、『述記』は自義として漏無漏門によって解釈した違いがあることを承知し、とにかくその部分の唯識性ということについての解釈を終了したいと思う。

然るに慈恩は、「又言」と冒頭して、次に性相相待して唯識性を明かす一段を設けている。何故にここで、この釈を設けたかというと、「論」第九の釈が、三性と云うも唯識一性の他なしと違教の難に答えるためのものであったのは先に述べた通りであるが、それと同様、ここで性相相待の釈がわざわざ設けられたのは、帰敬序の唯識性の体如何に答えるためのものである。即ちそのことを『述記』では、「又た言う唯識において相と性と不同なり、相とは即ち依他なり、唯是れ有為にして有無漏に通ず、唯識即相を以て唯識相と名づく、持業釈なり、性とは即ち是れ識が円成の自体にして唯是れ真如なり、無為無漏なり、唯識の性なり、唯識性と名づく、依士釈なり、唯だ、内に証するを以て浄なり、依他を簡ばんが為めの故に識性と説けり」と云っているのである。

『三十頌』が三種の三科によって唯識を成立していることは既に述べた所である。而して三種の三科の第一が相・性・位の三科であり、それが『論』第九 (p.3,b) の「是くの如く成ぜられぬる唯識の相と性とをば、誰か幾くの位に如何んが悟入するや」とある文に基いて立てられていることもまた既に述べた通りである。ところが、相と性とは理唯識、位は行唯識という(『義林章』一末 p.5,b)ので、このことも専攻の学者にはよくわかっている筈であるが、理唯識と行唯識との区別を混同している人は、ここでとんでもない誤解をして、今日学界でかなりの混乱を生ぜしめている。今はそのことを指摘しようとしているのでなく、相と性とによって唯識が成立せしめられていること、そして相は有無漏に拘らず依他を、性は真如無為を意味すること、そして帰敬序の「唯識性」は、この性のことであると云わんとしているので、この解釈を拒否したり、文句をつける如何なる理由もない。しかし考え方によると、ここの「唯識性」を、何も真如無為と限定しないでも、先に述べたように、漏無漏門によって円成実を判ずる場合、真如無為は勿論のこと、浄分の依他もまた円成実として「唯識性」であるのであるから、それを「唯識性」の内容としてもよいではないかという考え方も出てくる。そこで『述記』では、帰敬序の場合、浄分の依他はこれを簡び、真如のみを取る理由として七因をあげているのであるが、このことは承知しておいてもよいと思う。

七因というのは、『述記』一本（p. 15, b）に、第一には「有漏の依他は敬すべからざるが故に」、第二には「無漏の依他も俗諦なるが故に」、第三には「最勝に非ざるが故に」、第四に「諸の聖法の真実の性に非ざるが故に」、第五に「所証に非ざるが故に」、第六に「迷悟の依に非ざるが故に」、第七に「或は彼は即ち是れ満に分に浄なるが故に略して敬せざるなり」と云っているのがそれである。

右七因の中、第一は有漏であるから敬せざるは自明である。第二以下は、無漏の依他についてこれを簡んだ理由をあげているのであるが、その中、第一の理由、即ち第二義は、無漏なりと雖も依他に摂せられるものはいずれも俗諦、即ち性相相待の上から云うと、唯識の相である。今は性相相待して唯識の性如何と、その体を求めているのであるから、相は当然に簡ばれねばならないと云わんとしている。第七の理由に、無漏の依他は満分清浄者として敬せられるから、今は略して敬せずと云っている言葉から考えると、無漏の依他を敬すべからざるものとしているのでなく、後に敬せられるから、敬はその場合にゆずり、「唯識性」の所では、それは相なるが故に之を簡ぶと云っている言葉からみると、第二義の「無漏の依他は俗諦なるが故に」と云っているのは、第二義以下の総句とも云ってよい。故に第三義以下は、この総句を開き、性の性格を教学的に各別に開き、依他は無漏なりと雖もそれに非ずと云っているのである。

従って、第三には最勝に非ず、第四には真如は諸法の実証であるが、浄分と雖も依他にはその資格なし、第五には真如は根本智の所証なるも、依他はそうでない。第六は真如は諸法、即ち迷悟の法の、迷悟ともにその所依たるに依他にはその資格がない。而して第七因については既に述べた通りである。この七因によって、無漏の依他はこれを簡び、唯識性は、体、唯識の性としての無為、真如、法性とすると取意しているのである。

④ 満分清浄者

満に清浄なる者、即ち仏。分に清浄なる者、即ち菩薩。この両者を合せて満分清浄者と頌したのである。前の唯識性は満に分に清浄なる者《ひと》、仏・菩薩にさとられる真如、所証の理であり、満分清浄者は能証の人のことである。時に清浄ということであるが、字義的に云うと、『述記』では「徴鑒を清といい、無垢なるを浄と名づける」「徴鑒無垢にして二障都て尽きたるを説いて清浄と名づく」と説いている。しかし、もし法義的に説明すると、根本智によって二空所顕の真如（唯識の性）を契証することそれである。そこに円満に真如の性を窮めつくした満に清浄なる人、それが如来であり、真如の性を悟るも、分にして覚の未だ円満ならざるもの、分に清浄なるもの、それが菩薩である。即ち所敬の体の人たることを示しているのである。

⑤ 我今釈彼説と利楽諸有情

文字的に云えば、我（この我をどう扱うかが後に問題になるが）は彼の世親の説、即ち『唯識三十頌』を解釈して諸々の有情を利楽しようというだけのことであるが、この二句に因んで造論の二縁ということを論ずるのである。

「造論の二縁」とは『唯識述記』一本（p. 21, a）に云う「凡そ論を造ること総じて二縁有り、一には令法久住、二には為済含識なり、一には自利、二には利他、一には智徳に由り、二には恩徳に由る。一には大智を生ぜしめんがため、二には大悲を生ぜしめんがためなり。第三の句に「我今釈彼説」と云うは、正に『論』を釈することは令法久住と自利と智徳有るに由ると、大智を生ずることとを顕わし、第四の句に「利楽諸有情」と云うは、意の所以は、済諸含識と利他と恩徳有るに由ると、大悲を生ずることとを述する也、又た別解有り、『枢要』巻上本（p. 32, a）に説くが如し」と。即ち『頌』の「我今釈彼説、利楽諸有情」の二句の底に流れているこころの解説である。

⑥ 釈彼説

釈　解釈開演の義、幽隠にして未だ顕われざるを、今説き開く故に開と云い、略にして知り難きを広く談ずるが故に演と云う。又た機に約して云えば、初機の為にするを開と云い、久機の為にするを演と云う。又た釈は成立の義である。即ち教を安じ理を立てるを釈と云うと。

彼説　彼とは世親のこと。説とは『三十頌』のこと。

「我今釈彼説」が令法久住、自利、智徳に由る、大智を生ずることは造論の二縁の下で述べた通りであるが、『述記』一本 (p. 22, a～b) には「令法久住に略して六因有り」と称してその目的を明かしている。云く、「一には法義をして当に広く流布せしめんと欲するため。二には有情をして随って正法に入らしめんと欲するため。三には失没の義をして重ねて開顕せしめんと欲するため。四には略して広散の義を摂せんと欲するがため。五には甚深の義を顕発せんを欲するがため。六には巧みなる文辞を以て法義を荘厳し、愛楽を起し、浄信を生ぜしめんがため、瑜伽論六十四に令法久住を説くが如し、即ち自利なり」と称している。

⑦　利楽諸有情

この『頌』について、『述記』では有情に四義を設け、勿論、重複しているのであるが、『瑜伽論』によって六十二種の有情の不同を示して、諸の字を解説することから始めている。但しその諸有情について、五姓各別という学派の主張に立って、この学派に於ける正所被の機をあげて菩薩種姓と不定姓とし、そこでも諸の字が生きてくることを述べて有情の段を終り、次いで利楽の解説に移っている。ここでは、一応は利と楽とを分ち、『瑜伽論』の三十五によって利に十利、楽に五楽と分って説明し、また『婆沙論』の二十六によって五楽の最後の無悩害楽に四種を開く等の解説に及んでいるのであるが、後述する如く、事実はこの説明よりやや複雑である。そして、右の次第によってこの一句を眺めるのが普通である。

有情の四義　『述記』一本（p. 22, b）では「多の義有り、梵に薩埵《サッタ》と云う、此には有情と云う」という言葉で始まり、初めの二義では情の字を情識の義とし、こころのことと理解し、その中の初義は、有の字をただ有無の有とみて能有所有を分けることなく、非情と異り、ただ情識有のもの故に有とすると云うのである。第二義は、能有所有を分け、五蘊仮和合の仮者を能有とし、情識を所有として、五蘊の仮和合者が能く情識を有するという意味で有情と云うとするのである。第三釈と第四釈とは『瑜伽論』の八十三巻に由る義で、『瑜伽』の文は『枢要』上本（p. 46, b）に引用しているが、それによって『要』『疏』に於ては、第三義として情とは性なりと。言うこころは、五根五境等の諸法の性を指して情と云うのである。即ち有情という如何なる一物もなし、有るのは五根五境等の諸法のみである。諸の賢聖は実の如く了知してただ五根等の諸法の性のみあり、これを有情とするのみと云うのである。第四義は、「情は愛なり、能く愛有って生ずるが故に」と云い、釈して「下の第三に云く、本識無くんば復た何なる法に依ってか有情を建立せん、有情の体は即ち是れ本識なり」と云い、整理した形で云うと、我愛執蔵現行位に約して、彼の五根五境等の諸法に愛着を起すもの、それが有情という義である。

以上が有情の四義である。言葉の説明で云えば第一義だけでよいのかも知れない。それが教義学上の術語となったときに、後の三義が生れてくる。大切なのは、言葉の説明と同時に、術語としての意味を把えることこそが、より以上に重要なことだと知らねばならない。

またここで、旧訳で衆生という訳し方は「理に善しからず」と称して、その理由を述べている。

諸有情の諸について　既に述べたように『述記』では、「利楽諸有情」の諸の字を釈すつもりで「有情の不同に六十二有り、『瑜伽論』の第二巻に説くが如し、五趣、四姓、女男倶三、劣中妙三、在家等四、乃至、異生等四、声聞等四、輪王を一となす」と称して、六十二の不同をあげている。しかし既に述べたように、本学派では一切の有情を五種姓と分ち、五姓各別を立てる宗である。そうなると、本宗の正所被の機は、菩薩種姓と不定姓とに限られることになると云っている。では六十二の不同をあげたのは全く不用の語をあげたかと云うに、本宗の誇りは普為乗教と云われる所にあり、その普為乗教の立場で云えば一切の有情に被らしむるという義が成り立つのであるから、六十二の不同をあげた理由も成り立つと私考する。

利楽　利楽の説明について先に述べたように、『述記』ではこれを『瑜伽論』の巻三十五を主たる依り処としながら『仏地』の第一、『顕揚』の第十三等を助けとし、十利五楽という言葉で説明している。十利と云いながら、やはり利に対して楽を相待せしめながら説明しているのであるから、十利の説明下で十楽を説明する形となっている。その意味から云うと、利楽の十義と云う方がよいのかも知れない。そして第十の利を開いて十とし、また楽を開いて五楽としているのである。但し五楽の説明下では、五種の楽を説明し、第五楽の下にまた四楽を開いているが、その四楽は『婆沙論』巻二十六で補充しているのである。右のような形で『頌』の利楽を解説しているのである。即ち簡単な形でそれを示すと次頁の如くである。

初めに利楽の十と、第十の利の下の十、楽の下の五、第五楽下の四楽を表示すると、

一、利―利益、即ち是れ後済なり、
　　楽―安楽、即ち是れ現済なり、

二、利―現益
　　楽―後益

三、利―善を摂するを利と名づく、
　　楽―悪を離るるを楽と名づく、

四、利―悪を離るるを利と名づく、
　　楽―善を摂するを楽と名づく、

五、利―苦を出るを利と名づく、
　　楽―楽を与うるを楽と名づく、

六、利―智を与うるを利と名づく、
　　楽―福を与うるを楽と名づく、

七、利―出世の勝善を与うるを利と名づく、
　　楽―世の勝善を与うるを楽と名づく、

八、利―小果を与うるを利と名づく、
　　楽―大果を与うるを楽と名づく、

九、利・楽―利と楽とは一体の異名なり、

十、
- 利
  - 利とは十利なり、一、純利、二、共利、三、利益種類利、四、安楽種類利、五、因に摂する利、六、果に摂する利、七、此世の利、八、他世の利、九、畢竟利、十、不畢竟利、
- 楽
  - 楽とは五楽なり、一、因楽、二、受楽、三、苦対治楽、四、受断楽、五、無悩害楽
    - 一、出離楽
    - 二、遠離楽
    - 三、寂静楽
    - 四、覚法楽

以上の通りで、こうした内容を心に置きながら、利楽有情の利楽の意味を浮上さすのである。これが教学というものであろうか。

正宗本頌（依教広成分）

第一編　唯識の相の段

第一　略票段の一頌半について

一、本文

由レ假説二我法一、　有二種種相轉一、
彼依二識所變一、　此能變唯三、
謂異熟・思量・　及了別境識、

二、訓読

仮に由って我法ありと説く、　種種の相転ずること有り、
彼れは識が所変に依る、　此れが能変は唯三つのみなり、

謂く異熟と思量と　　及び了別境識ぞ、

三、第一頌の初三句――難に答え執を破し、唯識に帰結する段の解釈

① 最初一頌半の占める地位

有るのはただ識のみだと云われるが、もしそうであるならば、どうして世間や仏教の聖典に、我とか法とかという言葉が使用せられているのでしょうかというのが、この『頌』の起るわけである。

この一頌半は、所謂る「略して外難を釈し、略して識相を標す」と云われているところのもの、而して更に分って「上之三句は難に答えて執を破し、略して論宗を標す、下之三句は、略して識相を弁じて能変の体を彰わすなり」と云うもの、しかも「三種の科文、一頌半を釈すること皆同にして別なることなし」と云われているように、三科合致の位置付けをしている。

②《由仮説我法》の訓読の問題

これは安慧の梵本が発見されてから、わが国の学界で起った問題である。この句が問題になるのは、先ず第一に、梵文と日本の訓読の仕方との間の問題である。訓読では「仮に由って我法ありと説く」

というのであるが、梵文ではこの句は、ātmadharmopacāro hi 即ち「我法の仮説は実に」となっている。そこで「仮に由って……説く」と、仮と説とを二つに切って読む訓読は、upacāra の訳としては何としても誤りだという批評である。しかしそう云いつつも、その批評では、また、そう強く否定しないような言葉もあり、或はさらに他の処では、それも必ずしも不可ではなく、などという表現がなされているところのものもあるが、とにかく最後の処で「世間と聖教とで仮説が異なるとなすのが一層の奇説になる」という、目立った表現がなされ、結論としては、我法を仮説するに由り、と読む方が適当、従って訓読の読み方は誤りだとしている。例えば upacāra は施設と訳してもよい字であるが、仮説を施設と代えた場合、まさか施と設とを切って読むを得ないであろう、などと云われているのである。そうしたことを考えた場合、ここで一言しておく必要があると思うのである。

なぜこれだけのことがそれほど問題になるかというと、この批評の言葉は、訓読の解釈について、果たしてそれを正しく理解しようとしているかどうかを疑わしめるものがあるかのように思えるからである。先に目立つ言葉として「世間と聖教とで仮説が異なるとなすのが一層の奇説になる」というのを引用しておいたのであるが、『頌』では我法が仮説せられる、仮説せられるのは我法であるのに、もし世間と聖教とで仮説が異なるとなると、それは奇説であると云われても仕方がないと思うのであるが、それは全く正しい批評だと考えられないと思われることなどについてである。「仮に由って我法ありと説く」と訓読することを、そういう意味だと理解するから、そういう批評になるのであろうが、それは全く玄奘・慈恩の解説を正しく理解し得ていないと私は思う。その意味で私はここで、唯識学派での解釈の仕方、それによると、「由仮説我法」の句を「仮に由って我法ありと説く」と読むことと、「我法を仮説するに由りて」と読むことと、読み方は違っていても、意味の取り方は違っていないと云うことを述べようと思う。

では何故に後の如く訓じないで、前のように訓読したのであろうかという問題が残る。これについては、私見では、「仮説に由る」という読み方が、往時には訓読のように読まれたのだと考えるのも一つの考え方であるが、同時にまた、「仮に由って」と訓読する方が、前者「仮説に由る」という意味を現わし得ると同時に、更に前者で現わし得ない厚味のある教理的意味を現わそうとしたからだと思えるのである。

③《由仮説我法》（仮に由って我法ありと説く）の解釈と評価

新導本の『三十頌』に、「由仮説我法」の仮の字の傍註に「一云言説仮、二云所説之仮法」という文字が横に並べられている。この傍註によって訓読の意味するところを理解することが先決である。なぜかようなことを云わねばならないかというと、梵文の upacāra それは一般に仮説と訳されている、それが法相宗の読み方として「仮に由って我法ありと説く」と、仮と説とを切り離して読んでいるが、それは間違いで、梵文による限り、「我法の仮説に由り」と読まねば梵文の意味が失われているという批評をする人があるからである。即ち、果たしてそうであるであろうかを確かめるために、傍註の意味を確認する必要が生じてくるのである。

傍註の一の「一云言説仮」という意味は、実には我法でないものを、「言説の仮」によって説くだけのことだと云っているのであり、もし『述記』の言葉によって云うならば、実には我法でないものを、しばらく我法という「二種の仮の名言に由って」(一本p.43,b) 我法と説いているだけのことだ、という意味である。となると、仮説の文字を切り離して読むから、意味が違ってくるとか、或は意味を取り違えているなどということは云えなくなるのである。upacāra は仮説とも施設とも訳されるが、仮と説とを離すことは施と設とを切り離すのに等しく、それは間違いだという難じ方もしているが、それに対しては、施設と仮説とは、訳されて中国語や日本語に置き換えられたときには、両語の間には、ずれを生ずるのであるから、また仮説がもし施設と訳されていた場合などと考えることは、翻訳者の為さなかったことを、為したとしての仮定のことであるから、今は問題にしない方がよいのではないかと思う。

『釈論』ではそこで、同じく我法と云っても、世間で使用されている我法という名言、言説と、聖教に出てくる我法という言葉、そこには、言葉としては同じであっても、意味的には区別があるに違いないという論が出てくるのである。そこで傍註の第二のもの「二云所説之仮法」という註がほどこされねばならないことになる。難者が「世間と聖教とで仮説が異なる奇説となる」と評しているのは、第二のこの所説の法に於ける発言を、第一の「言説の仮」に於けることと取り違いをしているためだと思われる。即ち第一の「言説の仮」の立場では、『述記』一本 (p.43,b) に「世間と聖教とに我法有りと説くは、但だ二種の仮の名言に由るが故に」と云っているように、どこまでも筋を通しているので、世間と聖教とで仮説が異なる奇説となると評せられたような心配はない。またその限り『述記』に、「世間と聖教とに説く所の我法は、仮に由って説くが故に種々の諸相の転起すること有り」「仮説の我法の諸相を起す」というような言葉がある通り、批評者が「元来は種々相は仮説の形容詞となっていて」という配慮も、玄奘・慈恩に於ては、よく承知されていることがわかるのである。

これを要するに、この『頌』は、三十の頌によって一切は唯識のみなりという理論を成立せしめ、そしてそれが主張されているのに対し、もし一切が唯識のみなりというのであるならば、どうして世間や聖教に於て、我法という言葉が使用されているのであるのかという疑問が起るので、それへの回答として述べられたものである。しかし『述記』では「外難を釈し」とか「難に答え」とかと云っているように、単にそれへの回答といったような通漫な把え方でなく、もっと厳しく、世間や聖教で我法と云っているのにそれを否定して、唯識のみなりと云うのであるならば、それでは、一には「世間相違、違理之失」、二には「聖教相違、違教之失」の二失をまねくことになり、従って唯識を成じ得ぬことになるではないかと、難を起してくるので、『述記』では、「義によって正しく答う」ということになり、「由仮説我法云々」の第一頌が述べられると見込んでいくのである。註の「一云言説仮」、それを『述記』では「由㆓二種仮名言㆒故」と云っているが、そうした上来の立場から云えば、我法という言葉は、かりにそう云われているのみで、我とか法とかという言葉に実体があるわけではない、というほどの意味である。

しかしそこで問題になるのは、『述記』一本（p.44,a）で云っているように、もし我法に実体があるのであるならば、その実体を依り所として仮説することも出来るが、本来実体が無であるというものであるならば、何を依り所とし、何を根拠として我法を仮説することが出来るのかという疑問が生ずるのが当然である。

この疑問に対応したのが、傍註第二の「二云所説之仮法」というのである。即ち仮説の我法は何に依るかと云うに、総じて識の転変を依り所、根拠として説かれると云うのである。世間も聖教も同じく我法と云うが、内容的にも同じかどうか。そこで『述記』では『成唯識論』巻一（p.3,a）の文に、世間の我法と聖教の我法とについて、内容的に相違することを示すために、世間のを無体随情の仮、聖教のを有体施設の仮という言葉で区別し、それによって解説をすすめているのである。即ち妄情所執の当情現の実我実法、それは全く無体であるが、妄情に随って我法と言説され、その能説の言説の上に施設されただけのもの、従ってそれは遍計所執の無体なるもの、それを世間の我法と云い、そのいわれの通りに無体随情の仮と云われており、聖教所説の我法については、識所変の法（ここで護法・安慧・難陀によって法の把え方に相違があるが）、それは我とも法とも云えないものであるが（我法に似て現ずるので）、強いて我法という言を設け、能説の言の上に仮に我法を施設する、それを聖教の我法と云うと説明し、世間の我法を無体随情の仮と云うのに対して、聖教のを有体施設の仮と称している。

世間の我法も聖教の我法も、いずれも能説の言の上に仮説しているが、能説の言の依って立つ所の所説の法については相違がある、而して『述記』一本（p.45,b）に「所説を以て若しは我、若しは法と為す」と云い、「言には在らず」と云っているように、所説の法に依って我法を説明しているのであるが、それを解明しようとして「二云所説之仮法」という註が設けられるのであり、『述記』一本（p.45,a）で云えば、第二解というのがそれに当る。即ちその云う所によれば、世間の我法は妄情の所執で無体、体性都無の遍計所執性、しかしその所執が起るのは、識の所変に対し妄情が執を起して執ずるのであるから、所執は無体の我法ではあるが、その起るための依り所である妄情は依他の有である。そこを慈恩は、以レ無依レ有と称したのである。無は所執の実我実法であり、有は妄情を意味する。次に聖教の我法については、所変の識は我法ではないが、我法の義がある、即ち預流・一来等、蘊・処・界等がそれである。その義を所変の識体に依せて我法を仮立している。そこを以レ義依レ体と云っているのである。これが傍註の第二の意味である。新導本の「三十頌」の下の欄外に、

世間我法　無体随情仮
　　　　　有体施設仮
聖教我法　以無依有仮
　　　　　以義依体仮

とあるのも、要は「由仮説我法」の訓読から端を発した問題であるから、紹介の意味で、以上解説したわけである。

前項の終りに私は、古来の訓読の読み方が「仮説に由る」と同じ意味を表わすものと理解するのも一つの考え方、しかし同時に、訓読の読み方によって、前者の意味と同時に、更に前者で現わし得ない厚味のある教理的意味を現わそうとしたからだと思えると云ったが、その推定が間違いでなかったと思うのである。即ち訓読の読み方によって、仮説のままでは仮説とは如何ということが説明されないままであるが、訓読の読み方によって、先ず仮説ということ自身が説明されているのを初め、仮説によって説明し得ない傍註第二の所説之仮法など、当然起ってくるこうした教学的な課題、それらを

も含めての、厚味のある表現方法をとらんとした結果の読み方であると、私は訓読を評価したいと思う。

④《我》と《法》

『頌』としては第一頌の第一句に出てくる言葉であるが、その前の帰敬序の長行釈に於て、既に「由二我法執一」「執二我法一」という言葉として、また第一頌の論端の文として「説レ有二我法一」、第一頌では頌の言葉として「説二我法一」、長行釈として「説レ有二我法一」等と、しきりに出てくる言葉であり、無我を説く仏教では、問題として珍しく話題にのせられているものである。しかし、その字義については未だ語られていなかったのであるが、同じく第一頌の長行釈に来って、ようやく「我謂主宰、法謂軌持」と語られるに至ったのである。而してそれ以後、『論』では、巻二（p.11,a）、『頌』では第一頌の第三句「彼依二識所変一」に至るまで、『論』で云えば、外小破段の終りに至るまでの間、要するにいろいろな意味でこの我法が問題となって登場してくるのである。その意味に於ても、ここで本学派の意味する我・法の概念を明瞭に、且つ具体的に把えておく必要がある。

『頌』では ātmadharma、それが我法と翻訳され、その我法の一般的な字義として、『論』では「我とは謂く主宰、法とは謂く軌持」と云ったのである。法の軌持が、詳しく云えば任持自性、軌生物解の義が略されて軌持と云われているということは、周知の通りである。そのように、我を主宰と云うのについても、内容把握的には、常・一・主宰の常・一がその背後にありつつ、そう云っているのについても、一般に知られていることだと思う。

ここでわれわれは、我・法の字義と概念を明瞭にし、その上で、本学派では、本学派の使用している術語と、我・法の概念とを、どうからみ合せているのかを把える必要がある。では一体、常・一・主宰を我の義とするということは、客観的に云うならば、その字義通りの我を立てていることであり、主観的に云うならば、自己の存在として移り変っているものは我ではなく、我は常住不変の存在である、そしてその常なる我が複数で存在するわけがなく、それは必ず一である。しかもそれは、自己全体の主宰者である。こういう信念、確認の下にそうであるものをこそ、自己として把えているのである。諸行は無常、諸法は無我、五蘊仮和合の無我説、我は我見の所産とする仏教の無我説とは、全く対岸的存在をなしているものである。我は、基本的にはこうした考え方の上に立っているものである。

次に、『論』では法を軌持と云ったが、軌持が任持自性・軌生物解の略であることは前弁の如くである。これは法という字の持つ字義であり、同時に法と名づけられるものの性格を表わしている言葉である。任持自性とは、あらゆるものは、他になき、自己自身の特性を、自ら任持していること、軌生物解とは、その特性が軌となって、他をしてそのものの解を生ぜしめるという意味である。こうした基礎的理解に立ちながら、しかも本学派は更に主と宰、軌と持とを分ち、本学派の術語、用語についてそれを当てはめ、概念規定を細分しようとしているのが『述記』や『枢要』等に於ける慈恩以下の解釈となっているのである。

我　我について『述記』一本（p.50,b）に、我は主宰の義と云い、主と宰とを分釈し、主の方は国主の自在有るが如く、宰の方は輔宰の割断するが如く、この自在力と割断力有るを我の概念としている。次にはその主宰の義を、主とは我体、宰とは我所、或は主を我体、宰を我用と云い、更に『枢要』上末（p.49,a）に三釈を出している。人によっては都合六釈としている人もあるが、『枢要』には「並疏為㆓五解㆒」と云っているので、今は五を六の写誤としないで正しいものとし、都合五解としてこれを表示するならば、

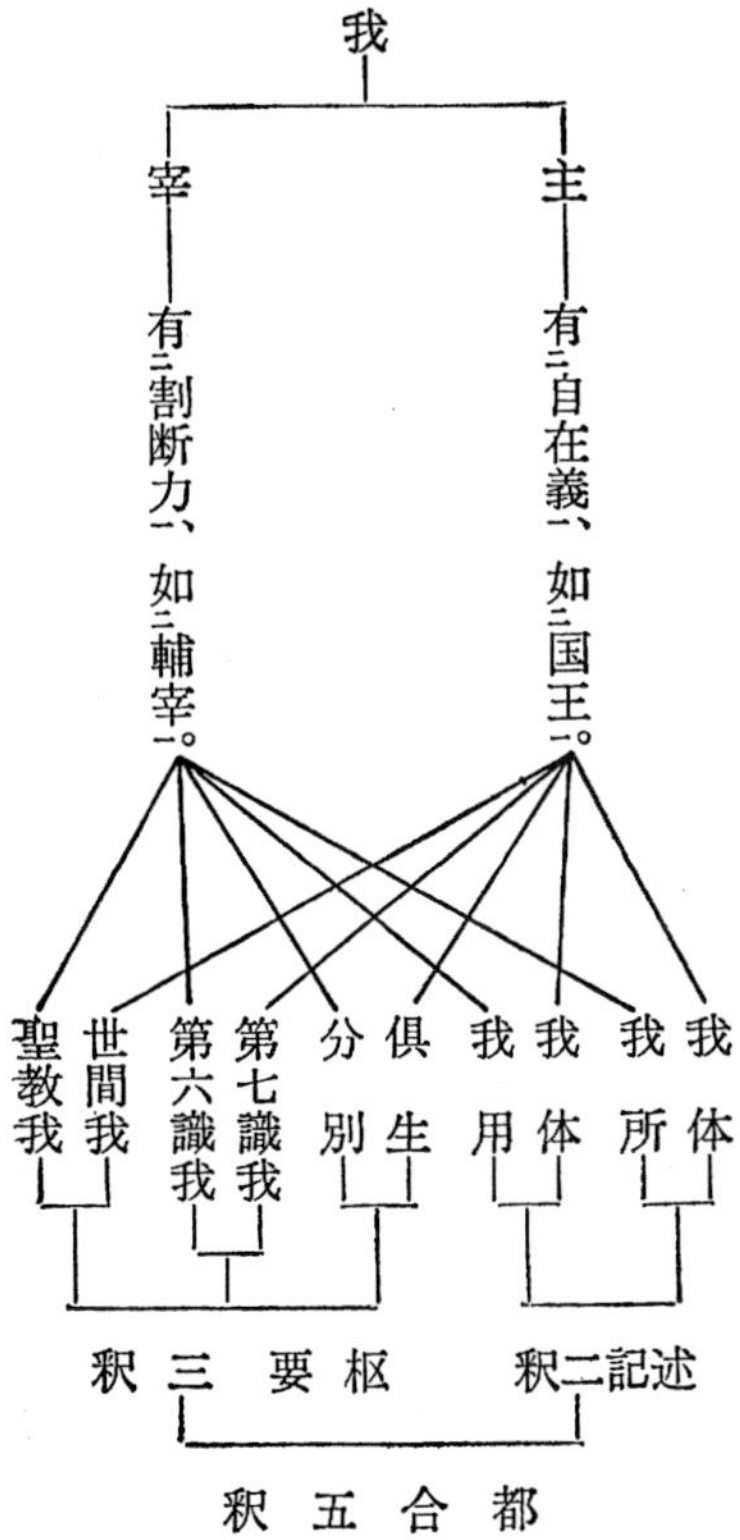

となる。他は『疏』『要』の本文に当って思うべしである。

次に、法についての考え方である。法を軌持の義とするは通途の釈である。それに伴い、『述記』で四義、『枢要』で一義、都合五義を以て別釈を設けている。

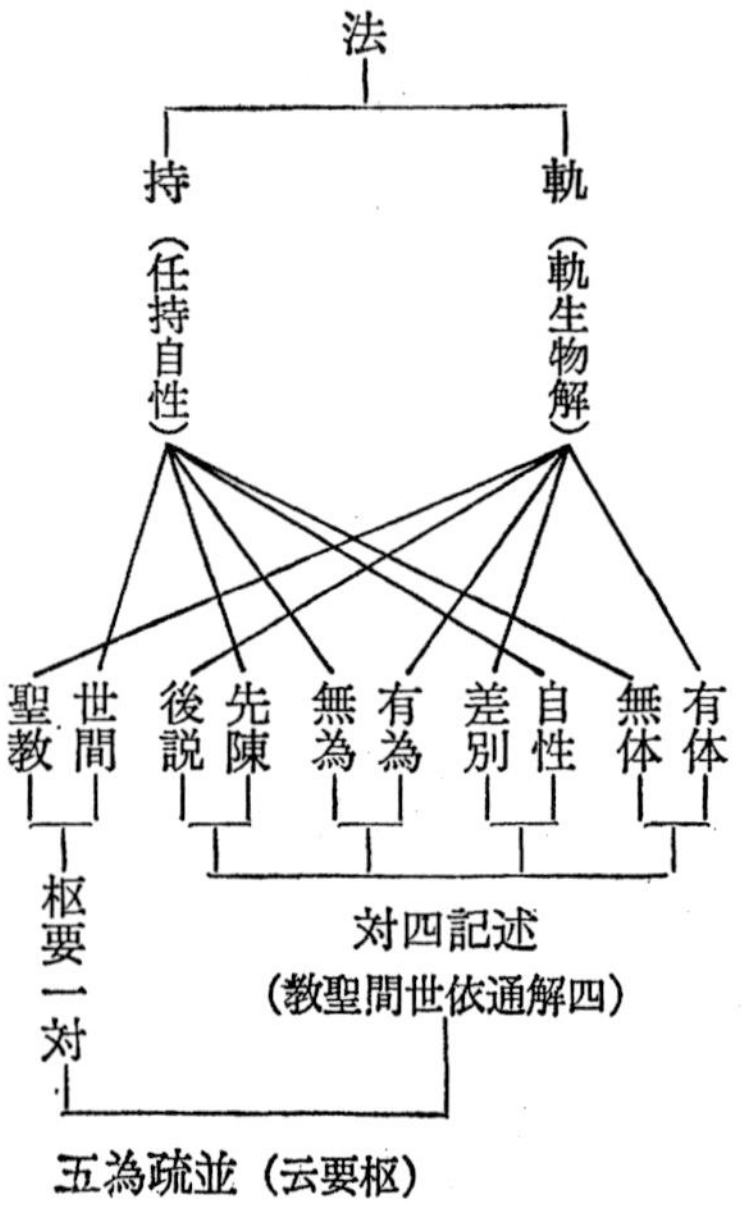

詳しくは文に当って知るべしである。

⑤《有種種相転》の種種相の意味

種種相というのは、上第一句の我法の種々相である。これについても世間の我法、聖教の我法と分かれるわけであるが、先ず我より説明すると、『論』では、世間の我の相として有情、命者という名をあげ、他は略して等の字を以て等じているし、聖教の我としては、預流と一来の二名をあげ、他は同じく等じて略している。詳しくは『瑜伽論』巻八十三（p. 15, b 以下）、『枢要』上本（p. 46, a 以下）、往見と云っておく。

次に法について、世間の法については実・徳・業等と称して、ここでは勝論の句義をあげ、数論の廿四諦（神我諦は我として、これを除く）等は等ぜられているし、聖教の法については蘊・処・界等と称し、勿論、縁起・根・諦・処・非処等を等じている。これを要するに、世間でも聖教でも、上にあげた名のものを、我法という言葉で用いているが、そしてその字義は両方に通ずるものであるが、それが空想によって実在化されてしまったとき、世間の実我実法となるのであり、あくまでも無我という実義により、縁起法として立てられたときが聖教の我法となるのである。世間と聖教ということは、単に字義の問題ではなく、学説の問題である。

⑥《転》の意味

第二句の最後の転（pravartate）の意味についてである。転の字義については、『述記』に「転は起の義」と説明しているが、その通り理解すればよい。しかしここで問題になるのは、起の意味である。即ち、そこを『論』には「転とは謂く縁に随って施設すること異なることあるぞ」と、即ち同じく我法の転起であるにしても、世間の転起と聖教の転起との相違、そういうことを問題に入れて生起ということと、そういう意味で同じく転と称してもparināmaでなくpravartateという文字が使用されたに違いない。

それはそれとして、ここで問題にしているのは、世間の我法は何を縁とし、聖教のそれの縁は何であるのかを問題としている。『述記』一本（p.54,b）では、世間の我法の縁は、凡夫外道の我法有りと思う妄情執心等を縁として起り、聖教の我法は、真如を証得する善縁に従って仮立される相違がありとし、而して聖教に我法有りとすることにつき、『瑜伽論』巻六（p.15）『顕揚論』巻九（p.15）によって「一言説易故、二順㆓世間㆒故、三能除㆓無我怖㆒故、四有㆓自他染浄、信解、事業等㆒故」の四縁を書き連ねている。かくて第二句を終り、第三句に移っていくのである。

⑦ 第三句《彼依識所変》の起る所以

「有種種相転」と第二句が起ったとたん、「論」の解説によると、第三句が述べられねばならない問いかけが発せられたのである、と云うのである。というのは、我法が仮説せられるということは、実なる我法があり、その実なるものを依り所とするから仮説ということが成り立つ筈である。既に実なる我法無しというのであるならば、仮の我法は何を依り所として成り立つのであるのか、という疑問が起る。その疑問を受けて立ったのが「彼れは識が所変に依る」という第三句なのであると云うのである。

⑧ 梵本では転変(pariṇāma)となっている同一文字を、玄奘は第三句では所変と訳し、第四句では能変と訳していることが問題になるが、それに対する私見

第四句は勿論のこと、第三句の解説も未だしていないのであるが、右の題のような問題があるので、そのことを解決しておくことが先決であろうと考え、先ずこれを議することとする。玄奘の訳では「彼依識所変、此能変唯三」となっているが、安慧釈の梵本では、その所変と能変とが共に pariṇāma という同一の言葉が使われている。そして漢訳の長行釈でも「変謂識体転似二分」と云って pariṇāma

の説明をしているのであるから、能所が分けられないで、同一の文字が使われていたことは明瞭である。

以上のような事情であるから、荻原訳にしても宇井訳にしても、ともに能所を分つことなく、同じく転変と訳しておられる。pariṇāma を転変と訳することは、『三十頌』の場合では、第十七頌の「是諸識転変」の転変の原語が pariṇāma であるから、それによって転変という訳語が使われたものと思うが、第十八頌では「如是如是変」の変の原語がやはり pariṇāma である。

さて第一頌に帰って、漢訳によって、転変の転とか変とかの字に相応するものをみると、第二句に「有種種相転」の転の字、そして今まさに問題になっている能所変の変の字が目につく。しかし第二句の転と、第三、四句の変とは、前者の原語は pravartate となっており、後のそれは pariṇāma で、異なる原語が用いられている。第一句の前後の違いは、前者は転起する場合、転起の条件などが考慮に入れられて転の概念が構成されているのに対し、後者は転変の条件などを捨象して転変・変それ自体を把えた言葉であることを、『論』巻一（p.2,a）に「有種種相転」の転を説明して「転謂随ㇾ縁施設有ㇾ異」と云っていることによって了解してよいと思う。

さて転変と訳せられた同一の字が、ここでは、どうして能所に分けられたのであろうかという出発点へ立ち戻って、論をすすめることにする。

梵本によると、変の能・所共に pariṇāma であることは前弁の通りであるが、格の変化、転声から云うと、第三句は vijñānapariṇāme となっていて、第七格、於声、或は依声と云われる形となっている。ところが第四句の方は、pariṇāmaḥ で第一格、体声の形となっている。先ず第一にこの違いに留意しておく必要がある。

次に文字の意味の上からの考察である。マクドーネルの字書によったのであるが、pariṇāma の意味を、第一には transformation, transmutation というように、変化全体を含む概念的規定の仕方がしてある。第二には natural development というような変更途中、変更経過を示す意味が出してある。次に第三には、consequence, final state というように、変化変更の結果の状況、最終的状況という説明が出てくるのであって、きわめて幅広い意味のあることが示されている。これが留意すべき第二点である。

次に第三句「彼依識所変」の意味を考えると、識の転変に依る彼とは、勿論、仮説された我法の種種相であるが、釈論家、即ち『論』では、護法・安慧・難陀の釈が、等の字を付し、三師以外の論師達をも等じて出されているのであるが、いずれの諸論師も、みな識の所変に依って我法を仮説しているのであり、教理的にそうした現実があるのである。これが留意の第三点である。

さて留意の第一点、転声の問題を取り上げてみよう。転声の場合、第七転声に於て、境の第七転と依の第七転とがあることは、いわゆる八転声の問題に於て人びとによく知られていることであり、今の第七転が依の第七転であることも、『述記』『枢要』で縷々述べていることで当然の義である。となると、この依の第七転という転声のことからして、pariṇāma ということの字義が、諸種ある中、転変の最終段階で把えられているということがわかってくる。となると、釈論師達の釈義を待つまでもなく、転変という字が、依の第七転の形をしているということだけからして、我法の依り所となっている vijñānapariṇāma は、文字的には転変という字であるが、体は、或は意味的には、その所変に於てであるということになるのである。

次の第一体格の形で出されているのに対して、同じ転変の字であったにしても、依の第七転を所変と訳し、第一転体格のものを能変と訳したことは、きわめて大胆のようであるが、玄奘だから出来た名訳だと云ってもよいのでないかと思う。その上に parināma の字義、釈論師の法義を合せ勘えた場合、玄奘の自信をうかがわせるに充分なものを感ぜしめるのである。

⑨《変》――文同義別の合訳のこと

ここに変というのは、前弁の如く梵本に於ける parināme のこと、漢訳に於ける第三句中の変のことである。『論』巻一（p. 2, b）の長行釈によると、「変謂識体転似二二分一云々」と云っているのによって、『頌』の原語が（転）変であったことがよくわかる。この転変の義について、『論』では「識体転似二二分一」という段と、「内識転似二外境一」という段との二段に分け、前者を護法・安慧等の説、後者を難陀・親勝等の義としているが、前者は内容的に両義に分けられるので、前後両段で都合、護法・安慧・難陀三師の三義となるわけである。

さてここで、読者の注意を喚起しておかねばならぬ問題がある。それは、「識の所縁は唯識の所現」と云うことである。われわれの心の対象は、われわれの識の所現であるということは、『解深密経』に於ける、唯識転変を主張した唯識学派の旗挙げのしるしであったのであり、末永く唯識学派学説の特色と根幹を為すものとせられてきた。それが無著の『摂大乗論』では相識・見識という学説となり、

『三十頌』の造頌者世親の『金剛般若論』では、識と見・相二分というように、謂わば三分説の芽を出してきたのである。『三十頌』では、勿論そうした用語が見当らないのに、識の転変を論ずるに及んで、二分、三分説などを出してものを云うと、それは後の釈論師間の問題で、本論師のかかわる所でないなどと考える人があるので、そうではない、『摂論』や『金剛般若論』で既に問題になっているように、唯識学を理解せんとするほどの人であるなれば、必然的にそれが問題にならねばならないことを、先ず理解してもらい、その上で問題に入りたいと思うのである。

それからもう一つの問題がある。それは前弁の如く、ここでは二段三義によって変の意味を述べているが、前段では、文同義異という形で、護法と安慧との説を合説していると云ったが、それについての『述記』の釈明と、例証とを承知しておくことである。と云うのは、それによって、インドに於ける解釈学に関する方法論の一例がわかるからであり、それによって、文章の表面づらだけを読んで文字を拾っていっても解釈にならない。従ってその学派独自の伝承というものが重要なこととなってくるということが知らされるからである。即ち『述記』一本（p.61,a~b）に、「問、何故二師所説三分義各有レ異、今合為レ文、答、訳者欲レ以二（顕イ）文同義別、文約義繁一、所以合二二師一惣為二一文一也」と云っているのによって、前段合説の文はもともと二師別異の論本にあった両説が、同一の文字の下に糅訳合釈されたものであることがわかるのであり、同時に、翻訳道場に於て、別異の原本に触れたればこそ云いうる言葉であろうと思う。

それのみではない、『述記』は続けて云うのである。即ちこうしたことは、この派の学問に於ける一つの方法論である。例えば陳那の新因明では、宗は所立、因と喩は能立で義を異にしている。にもかかわらず、新因明に於ても、古因明で「宗等多言名為ニ能立一」と云っている文辞を、そのまま用いて、義が異なるのに文字を同ぜしめているその如く、今の両師合説の文も、その因明のしぐさと同じ方法を用いて、両義を同一文辞として合訳したのであると云っている。では同一文辞に於ける異義如何ということになる。

そこで先ず初めの段に於ける両師合説の文をあげ、次に両師の中、先ず護法の義から紹介する順序で、以下、解釈をすすめたいと思う。

⑩『頌』の「識所変」の変について『論』の安慧・護法両師合説の文について

『論』では「変謂識体転似ニ二分一、相見倶依ニ自証一起故、」即ち転変ということは、自証分たる識体が転変して相見二分に似ることだと云い、この二分を所依として我法が仮説されるので、実の我法があるわけではないと云うので、「依ニ此二分一施ニ設我法一、彼ニ離レ此無ニ所依一故」と云い、「彼依ニ識所変一」の句全体を結んでいるのである。

両師合説の文に対する中国での解説

一、護法の義について　中国での唯識解釈をどう理解すればよいかというのは、一つの課題であるが、私は、恐らくインド留学中の玄奘が、彼の地の学者達が彼の地で論議していた内容を中国に伝え、それが『述記』等に残され、それを基本としながら、問題によっては更に発展をみたのだと思う。

さて自証分が依他起であるということは、護法・安慧の共許する所であるから問題になっていないが、相見二分が依他であるという説は安慧の許さぬ所である。だから『述記』では、安慧説を意識しながら先ず『摂論』により、相見二分が依他性であることを証拠立てるために、「論説二唯二依他性一故」と云い、また根本智が真如を縁ずる場合は相分なしと云うのであるから、それは除かねばならないが、もし相見を依他としないなら、或は根本智が真如を縁ずる場合の如く、他の場合にも相分なしと云うのであるならば、仏が他心智を以て境を縁ずるとき、心外の法を縁ずることになって唯識の義は成立しないことになるし、或は後得智が外境を取るということは、常に相分を変じて縁ずるということであるから、相分なしなどということはありえないと、相分のなければならないこと、有るならば依他でなければならないことを、安慧の義を考慮しつつ述べている。

次いで『述記』一本(p.57,b)によると、この二分についての広釈は、「此二広釈至二下第七及第十末并二十唯識述記中一説」と述べているように、そこへ譲り、今は、この場所に於てのみ議せられている相と見との種子の或同或異の問題、それを議してここでの解明としたいと思う。(『述記』の此二広釈の二については、問題を広く取って相見の二としたが、別に此二を、他心智と後得智の二の広釈とする説もある。また今の問題は、第十七頌で更に詳しく出てくるので、その頌に関する『論』『述記』等で別の議論の仕方について解明する必要がある。)而してこの「或同或異」の問題が展開したのが、かの有名な三類境義である。

三類境義が本派の要論であることは周知のことである。その三類境となると、『述記』の他、『枢要』上末 (p.2,a) 以下、『義灯』一末、『同学鈔』一之七・八両巻等を主軸として、もろもろの書が研究されねばならないが、それは直接今の問題ではない。そういうことを承知しつつ、今は『述記』に於ける相見二分が、種子所生の法として、どういう関連を持っているかを、そしてどんな関係であるにしても、結局は唯識たることに変りなしということを主題として、研究を進めたいと思う。

相見の種子が或同或異と云われる問題は、相見が同一の種子より起るのを或同と云い、相見が別々の種子より起るのを或異と云っているのであって、この両様の場合があることを、或同或異と云っているのである。その中、或同の場合について云えば、一識体、起らざればやみなん、起れば必ず二分の相用に似て生ず、恰も一蝸牛が二角を変生するが如く、相と見とは、一蝸牛に当る識の自体分を離れて別の性が有るわけではない。二分は共に識自体分の作用に過ぎないものとしてはたらいているのに過ぎない、と云っているのであり、これだけが同種についての叙述である。もしこれをもっと現実的に云うならば、無法とか、無本質の影像等がこれに当ると云ってよい。即ち独頭の意識が、亀毛、空華等を縁じた場合、縁ずるという動きは、識が動いた場合、そう作用せねばならない必然的な一面である。即ち自体分の作用としての見分のはたらきである。しかるに見分のはたらきは、同時に相分という相手方なしには考えられない。作用として見分を起す自体分は、同時に相分を生起せしめる。それを蝸牛上の二角と称したのである。その場合、相分は見分に従って生滅する。三類境の言葉で云えば、「独影唯従見」と云われるもの、それが相見同種の現実であり、相分は見分の種に帯せられていると云うのである。夢中に出現した山河大地等が、またこの相見同種のものであることも、容易に理解出来ると思うのである。

次に別種生について『述記』は云う。別種というのは、相分と見分とが、別々の種子より生起するという意味である。もともとこの議論は、『論』の「識体転似二分」ということへの理解として起っているのであるから、議論としては、自体分と見分、自体分と種子、見分と相分、相分と自体分というような関連について述べられている。先ず自体分と見分との関係である。『述記』は次のように云う。見分はこれ自体分の義用、即ち見分は自体分の外縁の義用にすぎないものであるから、従って自体分が自の種子より生ずるとき自ら外縁の用を起す、それを見分に似て生ずると云うのであるから、この両者、自体分と見分とが別々の種子より生ずるということがあろうわけがないとして、両者を同一種生としているのである。

次に相分については、自体分を所依として相分の種子が転起してくること、それを相分に似て起ると云うのであるが、その場合、相分と見分との関係を現実的に押えてみると、両分は作用別、性各不同という関係であるから、それを理由として、故に別種生だとするのである。相見別種ということは、自体分と相分とも勿論、別種ということである。

さて作用別とは、相分は非縁慮なるに対して見分は縁慮の法である。性各不同とは能縁の見分は善悪に通じ、所縁の相分は無記である等のことを考えているのである。三類境で云えば、性境・帯質境がこの相見別種の関係となるわけである。相見別種の義については、しかし次のような疑問が生ずる。即ち、もし相分の種子が別にあり、別の種子より生じたというのならば、識よりの転変、識変と云い難いではないかという疑問である。

それに対する回答は、「識に離れざるが故に、識が変ずる時、相まさに生ずるが故に、大より色を造するが如し、分別の人に由って相の境生ずるが故に、境より分別する心方に生ずることを得るにあらざるが故に、唯境に非ず、但だ唯識と云うのみ」と云っているのである。即ち総括的に云えば、別種生だとしても、相分は識を離れないから唯識と云いうるというのである。解説的に云うならば、相分は自体分が見分を変ずるとき、必然的に生ずるものであり、しかもたといそれが別種生であっても、その種子は自体分を所依としてあるものであり、自体分を所依としているから生じうるのであるから、識変と云い、識生と云いうるというのである。それは恰も、四大種と大種所造の色との関係に於けるが如きもので、所造の色と能造の大種とは同種ではない、別種である。しかし先ず能造の四大種の種子より四大を生じ、それに引かれて所造の色法の種子から所造の色を生ずる故を以て、能造の大種所造の色と云うその如く、今もまた然りで、相見別種であるが、能縁の見分によって所縁の相分が引生せられる故、別種たりと雖も識変と云いうるというのである。そして更に識変の義を成じて云う、分別心、即ち能縁の見分に由って必然的に相分たる非縁慮の万境を生ずるが、境よりしては分別の心が生ずることはあり得ない、故に唯境とは云わずして唯識と云うのであると。

以上は『述記』の記事に従って解説したわけであるが、後にまた『論』で、一切諸法の種子は本識自体分の功用であると云っていること等をも合せて考えると、別種生をなお識変とするこの派の主張が更に明瞭になると思うのである。

⑪『論』の「似二二分一」と云ぅ文の理解の仕方について、護法と安慧の義について

一、護法の義について　『論』ではただそれだけの文であるから、『述記』の指南によらなければならないことになる。『述記』ではこの文意を、一本(p.57,a)に、きわめて端的に説明している。即ち云ぅ、「諸識の体は即ち自証分なり、転じて相見二分に似て生ず、此れは、識体は是れ依他性にして相見に似る、二分も無には非ず亦た依他起なりと説く。この二分に依って実と執する二取を聖説いて無と為す、依他の中に此の二分無きには非ず、『論』に唯二は依他性なりと説くが故に」と。即ち自証分が依他であるのと同様、相見二分も亦た依他起なりというのが護法の説であり、その根拠として『論』に唯二は依他性なりと説くが故に」と称して『摂大乗論』の「唯二依他」というのを証拠としているのである。

二、安慧の義について　安慧の義について、古来、総無の相見、別無の我法という言葉が用いられているのは周知のことである。安慧の義に於ても、我法は相見を所依とし、その相見は識自証分の転変によると云ぅので、その限り護法と全く同一の思考形態をとっている。ただ異なる所は、自証分は依他法なるも、我法の所依たる相見分を遍計所執性とする所が護法との相違である。『述記』一本(p.59,a)に「安慧の解に云ぅ、変とは謂く識体転じて二分に似るを云ぅ、二分は体無し、遍計所執のみ」と云っているのがそれである。この相見の計執たることを総無と称し、それを所依として我法を

立てるその我法を別無と称しているのである。

⑫ 相見二分を計執とする安慧学派の根拠

安慧が二分を計執とする根拠について『述記』一本(p.59,a~b)に、次のように紹介している。云く「安慧解して云う、……仏を除く以外の菩薩已還は、諸識の自体、即ち自証分は、実を証せず、法執有るに由るが故に。二分に似て起る、即ち計所執なり。依他の有に似れども、二分の体は無なり。自証分の如く相貌亦た有なり。無を以て有に似るなり。即ち三性心皆法執有り、八識の自体皆二分有るに似る。手巾に依って変じて兎に似、幻に二耳を生ずるが如し、二耳は体無なり、手巾に依って起る。彼は世親所造の『縁起論』中の末後の決択に、無明支は三性に通ずと許すと説くを引く。故に如来を除きて皆二分有り、是れ計所執なりと云う」と。即ち安慧は世親の『縁起論』の上所引の如き文を根拠にし、三性心ことごとく有執、仏を除く以外の菩薩已還の無漏心までも有執とし、有執の識であるから、その自証分より二分を転変し、当然にその二分は計所執だと主張しているのである。世親の『縁起論』は未渡の書である。未渡であるのに、それが根拠にされて安慧の義が論ぜられていることは、この議論が、また玄奘のインド留学中に議せられていたものが中国に伝えられ、それが『述記』に残されているのであると考えられるのである。いずれにしても安慧が証拠にしているのは、諸識有執なるが故にということを根拠にしているのである。

護法が二分を依他とした根拠については既に述べたところである。しかしそれによって安慧が計所執を主張する根拠となった『縁起論』の文は、護法家にとっては重大な違文となるので、それへの対応がなされねばならないことになる。

また『述記』では安慧の釈義に対し、更に問答を設けて、その体が有であってこそ、その有に似るということが成り立つが、体無なるものに有なる識体が似るなどということは、無なるものへは似るにも似ようがないではないかという疑問があるので、それを追求しているのである。即ち、前は二分は計執なりとして計執の理由を述べ、ここでは無なる計執には、似ようにも似ようがないのになお似ると云いうるかの理由への追求である。即ち『述記』ではそこを、「問う、此の二は体無なり、識体如何んぞ転じて二分に似るや」と云うことから始まっているが、その回答としては、「識の自体が虚妄の習に由るが故に、実の如くならざるが故に、執有るが故に、無明と倶なるが故に転じて二分に似る……若し識体無くんば二分も亦た無なるべし、故に二分の起ることは識体に由って有るなり」と云っている。後者の云い分も前者と同様に八識有執、文献的根拠はやはり『縁起論』にありということになるのである。

⑬　護法学派の対応

因位の八識は有執、それ故に二分は計所執なりとする安慧の言い分に対して、『述記』では何等の会通をも試みていない。そこで『演秘』が会通をしている。即ち『演秘』一本（p.37,b）では、これに対して相伝の三釈なるものをあげてこれに応じているが、更に「今為一釈」と称して『演秘』の自義をあげ、第七識の無明力を持ち出して違文を通じているのである。詳しく知らんと思わば『同学鈔』一之九（p.1,a）と共に往いて見るべしである。

⑭ 難陀の義について

『頌』の「変」の字について『論』に於ける安慧、護法両師合説の文については既に述べた通りであるが、二分家たる難陀、親勝等の義については「内識転似二外境一」というように説いている。『述記』の説明のように、二分説は『摂論』の見相二分依他というのを根拠にして立てられたもので、勿論、第三第四分はこれを説いていない。『論』に内識というのが見分のこと、この内識見分が転じて外境たる我法に似た相分を転変する、我法に似ているがその相分は依他の法だという所は、全く護法と同様である。ただ異なる所は、護法は相見の上で似我似法を云うのに対し、難陀は共に相分の上に於てのみこれを云うということになっている。但しそうはいうものの、護法が相見分の上に我法を仮説すると云ったその見分は、今能縁している見分について云うのではない、所縁とされている見分、対象化された見分、対象化された自己、そういう意味で見分と云っているのであるから、表現の仕方は異なるが難陀の義と共通するものがあるということになる。

⑮ 識体が転じて我法に似る（変似我法）理由

『論』には「我法と分別しつつ熏習せし力の故に諸識の生ずる時に変じて我法に似れり」と説明している。これは護法・難陀・安慧の三師に共通する説である。ところが「分別しつつ」という分別の識について、護法と難陀は「二執相応唯六七、五八無執」と称しているのに対し、安慧は「五八有執」と主張するので、そこでまた議論が分れることになるのである。

しかし護法側の云い分からすると、『了義灯』一末（p.37,a）に、「心は二縁によって起るが故に相見有り、執に由って方に生ずるにあらず」と云っているように、有執の故に二分を生ずという安慧の義は許さないのである。「変似我法」の問題は、以上の論と関連を持ちつつ別の議論を派生することになる。というのは、安慧のように八識有執とするから、諸識の生ずる時に我法に似て現ずると云いうるが、護法・難陀のように、五・八無執ならば、無執の五・八がどうして我法に似て現ずるのか理由がわからないということになるからである。

それに対し、護法学派では文字通り、五・八無執にしてしかも諸八識は変似我法なりと云うのである。即ち『了義灯』一末（p.36,b）に云う、「分別に約して我法を解せば、五・八は無きことを得べきも、他の染熏成ずるに由って識生じ我法に似たり」と。言うこころは、五・八は無執であるが、他に、即ち六・七二識に染熏せられて生ずる識であるから、その染熏の故に、無分別の識であるにもかかわらず、五・八もまた我法に似て生ずるというのである。では染熏とは如何ということになるが、『泉鈔』一上（p. 26, b）によると、「六・七二識が我法と分別するときは五・八識を縁として分別する、だから五・八識の種子は我法の二執に染せられて熏ぜられることになる、よって彼の染熏せられた種子より五・八識の現行を生ずるとき、我法に似て生ずることになる、と簡単に説明している。高範の『訓読記』一之一（p. 39, a～b）になると、もっと詳細に、且つ法相的に説明しているが、繁を恐れ、今は省略しておく。

四、第一頌の第四句、第二頌の初二句――識相を弁じ能変の数と体とを彰わす段の解釈

① 能変の数――《此能変唯三》の唯三について

唯三という中、先ず「唯」と限定したことについて『述記』巻一本（p. 47, b）には、二義をあげて説明している。一には「簡別の義」、即ち、虚妄の執によって遍計所執の心外の境を執ずるを遮簡して、唯識のみが有なりという意味を顕わす。二には「決定の義」、即ち、四にも非ず二にも非ず、ただ三のみと数が決定していることを顕わす、と云うのである。唯三の「三」の方は、能変の識は異熟と思量と了別境識の三類のみであるという意味である。もし了別境識を開いて六とするならば、能変の識は三類八識のみということを意味して「三」と云っているというのである。

では何の必要があって、このように解釈せねばならないのかと云うに、それは、当時の学界に於て、この学派の「唯三」の主張と別異な主張をなすものがいたので、「唯三」という言葉によって、この学派の主張を示しているのだというのである。而してこの「唯三」の意味を解説している場所の『述記』では、前弁の「決定の義」という方では、具体的に、一類の菩薩の一意識計、小乗諸派の心・意・識説を、義一文異とすること、また識を六とする義等、即ち、他の減数の義に対応して「三」と称し、而して『楞伽経』に、「八九種種識」と云っている言葉（十巻・七巻『楞伽経』及び梵文『楞伽経』に於てかく云っている）に於ける増数の義に対して、自派の主張として「三」と称しているのだというのである。

『述記』では、これら増減両数への対応を試みて、先ず『楞伽』の増数九識説について云えば、次の二様の対応を試みている。即ち、一には『楞伽』に九と云っているのは、八識と数える場合の如く、依他の識体九ありという意味ではなく、兼ねて識性、即ち円成実真如を説いて第九とし、依円合説して九と称しているのであると。而して次に第二としては、これまた九識と云われているからと云って、依他の識体九ありと云うのではなく、染浄別開し、浄分の第八を第九識と称し、染浄別開して九としたまでであると云うのである。『述記』の説明は右の通りであるが、それが慈恩の他の著述『義林章』巻一末（p.11,a）になると、両様の対応の仕方は同じであるが、対応に於ける根拠を出しているのである。即ち『無相論』と『同性経』とを根拠とし、真俗を合して九識とすること、また『如来功徳荘厳経』（未翻『成唯識論』巻三、p.15,a に引用されている）を根拠として、染浄別開して九識とすることと称して、自説を証明しているのである。而して減数の義に対する対応は、同じく『述記』一本（p.

48,a～b）に、小乗で心・意・識の三種を別体とすることを知らないのは、機の未熟によるからだ、また未だ所知に対する障りが除かれていないから、依他縁起の実相が理解出来ず、従って識を六とのみ説くということになる。また小乗の諸部では、大乗の八識説に対して、十二処・十八界等の説、即ち処・界の説では六根・六識・六境と云っているので、八識にこそ難ありと云うであろうことを予想し、それを会通して、処・界の説では、根・境を六としているので、その六に合せて六識と云ったまでだから、識体唯六のみと説いたものでないこと、経部の如きは、細の意識を立てているが、これとても、第六意識の別位に起るとしているのみで、六識を一歩も出ていない。結局するところ、小乗では根浅く、所知障を除かず、従って依他を了せざるに帰するとして、これに対応しているのである。

さて『成唯識論』巻一（p.1,a～b）の縁起段に、造論の縁起として安慧等、火弁等、護法等の義があげられているが、その文中に、二障・二執を断ぜしめる、二空に達せしめる、或は更に細かに、薩婆多・中観・一意識・経部等の計の異執を遮せんが為めのことが出ているが、これらの内容が、「唯三」の意味を語るとき、インドに於ても中国に於ても話題となり、その結果として『述記』の減数の義に対する解説となったと考えられるのである。

次には『楞伽』の九識についてであるが、この義については、上述のこととは別の問題がある。それは既に隋の慧遠の『大乗義章』巻三末（p.23,b）に、「楞伽経惣品の中に云う、八九種識の波は水中の波の如し、其の状如何んが分別せん、二有り、一には真妄分別して以て九種と説く、……二には真妄離合して以て九種と説く、独り真のみを一と為す、所謂る本浄阿摩羅識なり、真妄和合して共に八種と為す」という文がある。一の方は内容的にやや異なることを述べているが、二の方は新訳家の論と、内容的に全く同一である。ということは「唯三」に於ける増の義に対する論は、中国仏教が、既に唐以前から持っていた論を法相宗が継承し、自宗の立場から解説したと考えてもよいようにも思われる。だから、このような考え方は、中国仏教の問題で、インドの『頌』や『論』の解説のために用いるのは不適当である、否、見当違いであるなどと云う人があるに違いない。にも拘らず私はそうは思わない。『述記』の説は当然だと思う。それには理由が二つある。一つは、既に『楞伽経』に於ける問題であるから、それが当時の唯識学派の八識説に異なるということで、インドの学場で議論になったこと、それを玄奘が慈恩に伝えたのだと考えて何ら支障がないからである。第二の理由は、勿論これもインドの学場の論となったことを前提として云うのであるが、惟うに玄奘の渡天以前の修学、渡天の動機を考えたとき、彼はこうした問題を学び、こうした問題に決着がつかなかったので、渡天を決行し、インドでの修学に思い至ったのである。だからもし、インドそれ自身に於ては起らなかったとしても、玄奘を媒介として、こうした問題がインド論場のものとなったのは当然で、もし無いと云う人があるならば、その方こそが却っておかしいのである。

② 初能変の体、異熟 (vipāka) ということ

この『頌』のように、思量識・了別境識に相対して異熟を解説するのと、第二頌のように「初阿頼耶識・異熟・一切種」という場合のように、阿頼耶や一切種に相対し、同一体内でその意味を解説していく場合とは、自ら解説の仕方が異なるわけである。第二頌のは、今のとは別の仕方で、解説をし

たいと思う。

第一頌の場合、解説のために手始めとなってくれるのは、何といっても『述記』一本（p.46,b）にある、異熟についての三種の説明であり、参考として四末（p.80,b）に依るべきだと思う。即ち一末によると、三義を以て説いている。云く、「一には変異而熟、かならず因が変異する時、果まさに熟するが故に、この義は余に通ず、種が果を生ずる時、皆変異するが故に」と、「二には異時而熟、因と異時にして果まさに熟するが故に、今大乗は造之時に約す、種体に約するには非ず、同世と許すが故に」と、「三には異類而熟、因と異性にして、果因に酬ゆるが故に」と。而して以上三義に対する結びとして、「然るに初の二解は別の論文なし、今は論文に依って但だ後の解を取る。若し異を因に属せば即ち異が熟なり、若し異を果に属せば異即是れ熟なり。異熟而識ならば熟を現行に属し、異熟が識ならば熟を種子に属す。故に余の能変は此の名を得ず」と云っているのであり、而してこの第三の義を有するものは余の能変、即ち第七、前六識にはなく、ただ第八識のみであると結論づけているのである。

次に二末（p.80,b）の解説では、右の第一が第二に、第二が第一と順序が逆になり、第三義は同、而して二末の方では、その次に更に「或は異熟因に招かれたるを以て異熟果と名づく」という第四説を付している。この第四説は、小乗各派及び大乗に於ても、具体的な教理、内容としては異なるけれども、しかし異熟という言葉の解説としては、大・小共にこれに従っている。否、そういう事象を異熟と呼んでいるのであるから、まとめて、こうも説明しうるというので付加したものと思われる。而して以上の結びとして、一末と同様に、「前の二は文に解すること無し」と云っているのである。既に「初の二解は別の論文なし……但だ後の解を取る」「前の二は文に解すること無し」と云っているのであるから、異熟といえば、本・釈両論共、第三義「異類而熟」の義で理解していけばよいことになる。而してこの派の研究家たちは、第一の変異而熟と第二の異時而熟との二義については、『倶舎論』を参照し、前者は『倶舎論』巻六(校註 p.16,b)によって経部の義に当るとし、後者は『倶舎論』巻二(校註 p.10,b)の異熟の釈名四解の第二解に、「所造の業は、得果の時に至って、変じて而も能く熟するが故に異熟と名づく」というのがそれで、有部の正義をあげたものとしている。蓋し有部では、刹那に業を造り、同刹那に果を受けず、異時に異熟する場合、極速と雖も必ず三刹那を要す、業を今生に造り、果を来生に招くとなるも、亦た異時にして熟し受くということになるのであるからだ、ということになる。

そこで唯識学派としては、第三の異類にして熟すという義、即ち所謂る「因是善悪果是無記」の義を以て理解していくのである。ところが、例えば『述記』一本の三説中の第二の「二には異時而熟す」の部分の文に於て、これは有部の義として理解しておきながら、「今大乗は造之時に約す、種体に約するには非ず、同世と許すが故に」という文字があるように、造業の時について云えば、大乗もまたそれを認めるのであり、これを許さないのは、種体に約するときというのは、大乗では、種現同時の因果を立てるから、その場合はこれを認め得ないという但し書の文が付け加えられねばならなくなるように、教理内容に立ってものを見るとなると、同一の言葉で表現されているにも拘らず、学派の相違によって、内容的には、別の意味が指示されているというような場合が、しばしば見受けられるのであって、この点が確認されず、例えば異熟という言葉だけについて云っても、文字だけでものを云っているようなことはこれを避けないと、大小乗の区別も立たず、残るのはただ混乱だけということになる。

③ 異熟を一例としての言葉と教理の関係問題

先に異熟の三義をあげ、経部・有部・大乗に配して説明をした。しかしこの解説は、純粋に異熟という言葉を、言葉としてのみ説明しているのでなく、一には本・釈両論師が、三義の中、ここでは唯識独自の教理を踏まえながら採用している義を「異類而熟」と云っているのであり、二には、異熟という言葉には多義を含んでいるので、自派で用うる義以外のものをもあげたのであろうと思われるが、他派のそれにしても、それぞれの学派の教理を踏まえての意味付けがしてあるのであって、考え方としては、むしろ教理が先行し、その内容を、如何に表現しようかというところに、言葉が産まれるのである。このことを更に明瞭にするために、やはり異熟という言葉によって、そのことを確認しておきたいと思う。先に述べたように、造業の時と、招果の時の場合は、異時而熟という、一度は有部の義として出したものが、大乗にも通ずるということになるのは、教理を根底にしての言葉だということの一例であるが、その他、例えば大乗の義としてあげた第三意、即ち異類而熟という言葉について云えば、『倶舎論』巻六（校註 p.16）に毘婆沙師の説として、この言葉を使用し、「言う所の異熟とは其の義云何ん、毘婆沙師は是くの如きの釈を作す、異類而熟す、これ異熟の義なり、謂く異熟因は唯異類にして熟す」と、各派の教理の違いを考えないで、言葉だけの問題としていえば、大・小両乗とも全く同一の解釈となる。言葉の解釈としては、同一であっても、教理によって、言葉を充足するとなると、小乗では、異熟因（因是善悪）が異類にして熟する（果是無記）場合、前弁の如く異時にして熟することになり、大乗では因果同時と立てるから、内容的には、天淵の異を生ずることになる。言葉を独り歩きをさせてはいけない、常に教理とからめ、教理を充足させねばならないことのためのよき例として、一言しておくわけである。これを要するに、ここで異熟というのは、体を出せば異熟識、第八識のことである。

④ 第八識には多くの異名があるのに、ここで特に異熟という名を使用した理由——多異熟性故のこと

多異熟性故という言葉は『成唯識論』巻二（p.11,a）に出ているので、護法の釈であることは明瞭であり、他の論師については明らかではないが、安慧の『釈論』には出ていない。安慧のは、異熟の字義についての説明にとどまり、何故にここで他の名を用いないで異熟の名を用いたかの理由については触れていない。

さて「多異熟性故」ということを理解するために、われわれは、先ず第八識を位に約して説いている『述記』巻二末（p.70,b～71,b）の、三位、五位、十三住、七地の四解からみていくことが順序である。即ち第一の解は、所謂る阿頼耶の三位に約する義というので有名である。三位というのは、一には我愛執蔵現行位、二には善悪業果位、三には相続執持位の三位を云う。第一の位の間、第八識は阿頼

耶と名づけられる。阿頼耶とは蔵の義で、蔵に能蔵・所蔵・執蔵の三義があるが、執蔵の義を以て主とするのである。執蔵とは我愛執蔵のことであるが、我愛とは、第七識に相応する我痴・我見・我慢・我愛の四煩悩中の随一で、恒に第八識（見分）を縁じて我と愛著する煩悩のこと、執蔵とは、能執の側でいえば、第七識が執蔵することであるが、所執の側からいえば、阿頼耶識が執蔵せられることになるので、その所執蔵の側から、阿頼耶識のことを意味することになる。現行位というのは、第七識の我愛の現行する間の位のことで、この間のことを第八識の我愛執蔵現行位と云うのである。この位の間、第八識に阿頼耶という名が付せられると云うのである。ではこの間の位というのは、どの間の位であるかということになるが、『述記』では、無始よりこのかた人執無きに至る位、即ち菩薩でいえば、七地以前、二乗でいえば、前三果の有学位の間、而して一切の異生位で、この間は人執が現行し、第八識が我愛に執蔵される位であり、それ故に我愛執蔵現行位といわれ、阿頼耶識と名づけられると云うのである。

次の善悪業果位というのは、これまた『述記』の云う所の如く、無始より、乃至、菩薩の金剛心、或は解脱道の時、因是善悪果是無記として感得した第八識の果体を捨するに至るまでの間、或はもし二乗についていうならば、二乗が無余涅槃に入って、異熟の名を捨するに至るまでの間、それを善悪業果位と称し、この間の第八識を毗播迦、即ち異熟というと云うのである。

次には第三位、それを相続執持位というのであるが、この位の間の第八識を阿陀那識と名づけると云うのである。これは、第八識は無始よりこのかた、恒に相続して間断あることなく、一切諸法の種子や、諸の色根等、所謂る種・根・器の三界を執持しているので、この位を相続執持位と云うのである。この名は、無始よりこのかた仏果位にまでも通ずるもの、仏果の第八識も、本有無漏種子を執持しているので、この名が通ずるわけである。

第八識の異名はこの三名だけでなく、釈論師は、例えば『成唯識論』巻三（p.14,a）に、心等より、乃至無垢識に至る七名をあげているが、その七名中、心と阿陀那と所知依と種子識の四名は、一切位に通じ、阿頼耶は前述の通りに、異生と有学位と七地以前の菩薩に在るの名、異熟識は異生と有学・無学、菩薩の十地にというように、一切の因位に通ずるもの、無垢識は唯如来地に限る名としているのであって、そこを、「多異熟性」の釈の下（『述記』二末 p.71,a）であるのに、『述記』は、はるか後の『論』巻三の衆名段の衆名をも見込み、それらを考慮に入れて「或は心等と名づく、長短分限三の位に過ぎず」と称して、第八識の衆名は、その位の長短、性格の分限、いずれもこの三位に摂することが出来るとしたのである。即ち第八識の名は実に多数にのぼり、長短分限いろいろあるにもかかわらず、今頌では、何故に異熟という名を用いたのであるのか、その理由を「多異熟性故」と称したのである。

「多異熟性故」の多の意味について、『枢要』巻上末（p.36,b）には、「多分の義、相続の義、広義即是総義」という三義をあげているが、その中、『述記』では多分に約して説明している。では多分というのはどういうことであろうかと云うと、即ち、阿頼耶といえば初位にのみ通ずる名で狭に失し、阿陀那といえば初位、二位は勿論、第三位にまで通じて寛に失す、異熟といえば三位中の二位、即ち多分に通ずる、それが「多異熟性」の意味である。では寛・狭を遮して何故に多分に通ずる名をあげたのかというと、その理由として二義をあげている。第一には、今は熏習する位の識を説かんがためである。もし寛の位を説かば、仏に熏習なき故に説かば無用になる。もし狭を説くならば、八地以上になお熏習あり、即ち不足を成ずることになる。熏習位を説かんがために多分に通ずる異熟の名を説く、というのが第一義である。次に第二義には、今唯識を説くのは、虚妄有る位、即ち一切諸法をして有漏有為の第八識に帰結せしめんためのもので、仏果を説かんがためではない。その為には多異熟性なる異熟の名が適当であると云うのである。

次に『述記』では、五位・十三住等に於ても多異熟性の故に異熟の名が用いられていることを述べて、五位に於ては、「異熟という一の名は、前四位に通ずるが故に多異熟性なるを言うて余の名を説かず」と云い、十三住に於ては、「十二住に通ずるが故に」と云い、七地については、『枢要』に説くが如し」と結んでいるのであるが、要するに多異熟性の故に異熟の名が用いられることを述べているのである。

⑤ 第二能変の体、思量（manas）ということ

ここで思量といっているのは、第七末那識のことである。manasとは、こころのこと、知・情・意を含めての心のはたらきより、心の機能・器官等をも含めた広い意味範囲で用いられる言葉である。だから原始仏教では、意味的に広い範囲で使用されていたものが、部派時代になると、一般的用法を保ちながら、同時にまた特別用語、例えば過去するを意と名づけ、未来を心と名づけ、現在を識と名づくなどと、三者の間に区別を設け、しかもこの区別の背後には、六識が過去し、それが等無間縁、

開導依となって後の識を生起せしめるという教義が裏付けとなっているのなどは、その好き例と云いうると思う。

それが唯識学派となると、過去するを意と名づくという部派の教理を、そのまま継承しながら、しかし同時に、第七末那識という部派にない考え方、識にこの言葉を与え、この言葉によって唯識学派独自の教理を組織せしめているのである。即ち弥勒・無著の論書以来、一般的な、通漫な意味での解釈を許しながら、同時に、その言葉によって、その学派独自の、教義学上の術語としての役割を果たさしめているというのが現実である。

この広狭二様の扱い方を心得ず、ただ言葉の上だけで探っていると、この学派独自の特別のものを、通漫な一般的解釈に随せしめ、そのために義に混乱を生ぜしめることになるのである。今の研究家達から、唯識学派の思量識について、よく模索的な発言がなされるのは、全くこうした混乱から生じていることを知らねばならないのである。

前弁の如く、ここで思量というのは第七識のことである。しかし思量といえば、広く諸八識の心・心所が境を縁ずる作用をすべて思量と云うのである。しかるにこの場合、唯識学派では、何故に第七識に限る名として使用しているのであろうか。その説明として『成唯識論』巻二 (p. 11, a) では「恒に審に思量するが故に」と説明している。安慧の『釈論』では「恒思量」と説明しているが、審思量については触れていない。後にわかるであろうが、「恒思量」だけで審思量を云わないのは不備である。では諸八識いずれも思量と云うべきであるのに、恒審思量の義があるので、思量の義が他の諸識よりも優れていると云うのは、どういうことを意味しているのであろうか。

第八識は無間断の故に恒の義はあるが、第七のように計度分別の作用がないので、審の義に欠けている。第六識には、審の義はあるが有間断の故に恒の義を欠いている。前五識は二義を共に欠いている。思量にして、しかも恒・審の義を具しているものは唯第七末那識に限るので、ここではこの識に思量の名を与え、思量識として他識を簡んでいるのである。これが護法の説明であり、また『述記』巻一本（p. 47, a）、同巻二末（p. 71, b）に於ける玄奘・慈恩の解説である。

巻二末の方では、更に話をひろげて、第七識は他の諸識が外境の相を縁ずるのに対して、第七識は唯内に思量する特色を有するものであるから、その特性を現すために、内という文字を付して用いらるべきであるのに、なぜ内という文字を付していないかという疑問を出している。そこで、それは唯有漏の場合はそうであるが、無漏に通じて説く場合、第七識が無漏に転じて平等証智となった場合、有為の諸法、即ちそれを外境の相と称してよいが、その外境の相を縁ずることになる。第七の場合、無漏にも通じて説くので、内の字を付けないのであると云っている。このことについては『同学鈔』二之三（p. 3, a）等にも議していることであるから、往いて見るべしである。

その他『枢要』上末（p. 37, a〜b）では、意についての別の問題、即ち上述では、第七識は思量の名で、他識を簡んでいるが、更にまたこの思量という名によって、自を簡んでいるということを云っている。ということは、manas 即ちそれを意と翻訳しているが、この意（manas）という一つの言葉が、唯識学派では、ある時には思量と訳され、またある時には依止と訳されている。思量と訳されているときには、同一の原語での翻訳であるが、依止と訳されているのとは意味が違うという簡別の意味が含まれている。即ち同一の語であるのに、依止と云い思量と云って、異なる意味を示していることは、同一語、即ち自己の中で他を簡んでいることになるので、そこを自を簡ぶと云ったのである。そして『枢要』には「意と名づけるに二義有り、一つには依止を意と名づけ、二つには思量を意と名づく」と云い、その名、思量の方は自の行相より名づけられたものであり、依止の方は、思量のように自己の単独によるのでなく、能依止と所依止との相互関係の構造によって成り立つもの、しかも能依止の生起によって所依止の開導が顕わされるという意味で、依止の名を得ていること、而してその依止のことをまた「次第滅の根」と説明していることによって、『述記』が『頌』のみに即して解説しているのに対し、『枢要』では、ひろく唯識学に於ける意の持つ他の一つの教学的意味、即ち後の識が生ずるための等無間縁依、開導依、即ち部派から継承した「過去するを識と云う」といった無間滅の意が、そのまま唯識の教理となっている依止の義にまで言及した、ということになるのである。

慈恩の『唯識二十論述記』巻上 (p. 11, a) に云う、「諸の経論所説の心と意と識と及び了別と、此の四の名は其の体異なし、但だ名の差別なり、……思量に二有り、一には無間覚、二には現の思量、初めは諸識に通じ、後は唯第七なり云々」と。即ち上述のことを云い得て簡単である。

⑥　第三能変の体、了別境 (vijñaptirviṣayasya)

境 (viṣaya) の了別という意味、ここでは境の了別をする識、即ち前六識を合せて了別境識と云っているのである。前と同様、ここでも問題になるのは、例えば『唯識二十論』(p. 1, a) に「心意識了は名の差別なり、此の中に心と説いて心所をも兼ねたり」という言葉があるように、了別は諸八識の心・心所に通ずる言葉であるのに、どういう理由で前六識に限る名としているのであろうかということが疑問となる。この疑問に対する回答は前項と同様で、了別の語は、もともと一般に広く通ずる言葉であり、この学派に於てもそれが生きておりながら、しかしこの学派独自の教学内に於いては、前の意（manas）がそうであったように、独自の意味、即ちここでは前六識にその意味を限って用いていることになる。

ではどうして前六識に限るのであるかと云うに、『述記』巻一本（p.47,b）では、別別の境を了するという義と、粗顕の境を了するという二義を以て説明しているのであるが、『述記』巻二末（p.72,a）の方では「粗境を了すること、七、八に異なるを以ての故に、合して一の名となせり」というように、粗境を了する一義で説明している。勿論、義として前義が成立することは言うまでもない。思量の場合にも、内縁の識の故に、内の字を付すべきだという論があったが、了別境識の場合にも、似たような論議がなされている。即ちそれは、前六は、粗顕の境を了するを以て合して了別境識と称すると云ったが、しかし前六といえども、細境を縁ずること、恰かも仏の六識等の如しである。であるのに、何故にただ粗顕の境を縁ずると云うやと。ここに於て『述記』の二末では、「多分なるが故に、知り易きが故に、諸の有情共に悉すべきが故に、内外道皆有りと許すが故に、大小乗の極成せる所なるが故に、不共の義なるが故に」という六義をあげてそれを弁じている。『枢要』上末（p.38,a）にまた四義をあげており、今と同異あるも、結局は今の六義に摂せられると思うので、別出することは避けたいと思う。

第二　広説初能変段

一、本文

初阿頼耶識、　異熟、一切種、
不可知執受、　處・了、常與㆓觸・
作意・受・想・思㆒　相應、唯捨受、
是無覆無記、　觸等亦如㆑是、
恆轉如㆓暴流㆒、　阿羅漢位捨、

二、訓読

初のは阿頼耶識なり、　異熟なり、一切種なり、
不可知の執受と　処と了となり、常に触と
作意と受と想と思と　相応す、唯し捨受のみなり、
是れ無覆無記なり、　触等も亦た是くの如し、

恒に転ずること暴流の如し、　阿羅漢の位に捨す、

三、解　説——十門分別について

この『頌』は、先の『頌』に「此能変唯三」とあった「唯三」の中の「異熟」の解説として造られた頌である。

『述記』の指示によると、この頌は次の如き十門の項目によって解説せらるべきものだとされている。即ち、十門と頌文を組合して示すと、

一、自相門——初阿頼耶識、
二、果相門——異熟、
三、因相門——一切種、
四、所縁門——不可知執受、処・
五、行相門——了、
六、相応門——常与二触・作意・受・想・思一相応、
七、受倶門——唯捨受、
八、三性門——是無覆無記、「触等亦如レ是」
九、因果譬喩門——恒転二如暴流一、
十、伏断位次門——阿羅漢位捨、

となっている。

四、解　釈

①自相門

『頌』に「初阿頼耶識」となっているが、その阿頼耶とは『述記』二末（p. 58, a）に「阿頼耶（ālaya）と云うは此に翻じて蔵となす、蔵には三義を具す」と云っている内容の下に、阿頼耶即蔵と理解されているので、この三蔵のことを、『論』巻二（p. 12, b）には、能蔵・所蔵・執蔵と称し、その三蔵を総括したものとして蔵、即ち阿頼耶という名が与えられていると云うのである。而して『論』では、引続いて「雑染のために互いに縁となるが故に」という言葉で能蔵と所蔵とを説明し、「有情に執ぜられて自の内我となす」という言葉で執蔵を説明している。この説明の中、前者は、第八識と前七転識の雑染法とが互いに能蔵となり所蔵となって、因果関係を成していることを明かした文意である。ところが、この解説の文をどう取意するかの仕方について、唐代には実にいろいろの義が発生したのであって、かの『演秘』二末（p. 36, b）に於ける相伝の三釈の如きは、実にその一例に過ぎない。

しかし、それはそれとして、『述記』ではどう理解しているかと云うに、第八を能蔵と云う場合は、現行の第八識を以て能蔵とし、雑染諸法の種子を以て所蔵としている。次に第八を所蔵と云うときは、種子に望めて云うにあらず、能熏の七転識に望めて云うので、七転識が第八識へ種子を熏習するその七転識を能蔵とし、第八識を七転識に望めて所蔵と云うのである。

これを要するに持種が能蔵、受熏が所蔵、これが『述記』の理解の仕方である。この理解の仕方に、実に種々の義のあったことは、前弁の如くであるが、例えば『演秘』の相伝の三釈の他にも、西明・道証等によるに西明の三釈なるものがあり、その第二を西明の正義としているが、それによると、慈恩が第八の現行を以て能蔵としているのに対し、種子を以て能蔵としているのである。その理由は、西明家では、『摂論』や『論』に引用している『大乗阿毘達磨経』の、所謂る七転第八互為因果の文を楯にとり、今の能所蔵の義も、その互為因果を成立せしめるためのものである。とすれば慈恩家の如く釈することでは、その義を満たすことが出来ないではないかと称し、『要集』の如きは慈恩を破するに至ったので、そこで『義灯』巻三（p. 37, a）の如き、西明家への返破をなすに至ったのである。

慈恩家としては、西明家の言い分、即ち慈恩家の釈のようでは、互為因果の理を成ぜしむる釈にならないから不可であるという云い分に対し、そう釈することが互為因果の義を成ぜしむることに支障のないことを釈明する必要があるのである。『同学鈔』巻二之三（p. 8, a）の「能蔵所蔵」とある論題は、まさにそのことのために設けられたものである。即ち『同学』の釈明は、西明は能所蔵の義を以て、転識と頼耶とが、互いに親因縁を成ずる義を述べたものとするから、種子能蔵等と立てるけれども、論文の趣旨は実はそうではなく、「能所蔵の義有るに依って、転識と頼耶とが互いに因縁となる」という道理を成立することが出来る、ということを云っているのである。第八が種を持するから、転識に望めて種子生現行の因縁があり、転識が種を熏ずるから、頼耶に望めて、現行熏種子の因縁が有るのであって、能蔵・所蔵の義を以て、直ちに互為因縁なりと云うべきでないと云っているのである。勿論、慈恩家では、単に西明に対して釈明しているばかりでなく、他方、積極的にそれを破りつつ自義を述べているのであるが、この辺、玄奘を伝承し、伝統とした解釈の仕方と、そうでない者との間の、義の扱い方についての、相違がわかるように思えるし、伝統とそうでないものとの学風を知らしめる、よい例であると思う。

次に執蔵についてである。これは、蔵識が第七識によって我なりと執蔵せられている義を云ったのである。

以上の三義、これが一体たるもの、それを蔵識阿頼耶の自相とするのである。それを『論』には、「因（能蔵）と果（所蔵）とを摂持して自相と為す」と称しているのである。

さてこの識は、本来は、前頌の「唯三」と云われた三能変中の最初の異熟能変を受けて頌せられたものであることは、既に述べた通りである。であれば異熟という果相を最初に出すべきであるのに、今頌では何故に「初阿頼耶識、異熟一切種」というように、異熟を後にして阿頼耶を最初に出したのであろうかということが、問題にせられるのである。そこを『論』で説明して「此の識の自相は分位多なりと雖も、蔵は初なり、過重し、是の故に偏えに説く」と説いているのである。ということは、修行の進展に即応せしめて、この第八識に三位を立て、それぞれにふさわしい名称を与えているのである。ここに阿頼耶というのも、その在り方との関連に於て与えられた名称である。

さてその三位というのは、既に「多異熟性故」の下で述べたように、一に我愛執蔵現行位、二に善悪業果位、三に相続執持位というのがそれである。即ち、第八識が第七識のために我愛され執蔵される間、その間を我愛執蔵現行位と云われ、菩薩の場合ならば、無始より七地以前、二乗ならば有学位、これを第一位とし、阿頼耶とは三蔵の中、執蔵によって与えられた名称だとするのである。従って、我愛執蔵から解放された第八識、即ち第二位以上には、この名は既に通用しないということになる。

次に第二位が善悪業果位と云われ、第三位が相続執持位と云われ、各々、その理由については既に述べた通りである。

而して第一位を蔵（ālaya）、第二位を異熟（vipāka）、第三位を阿陀那（ādāna）と、第八識の在り様に即した名を付していることも前弁の如くである。この三位より考えた場合、『論』の云う通り「分位多なりと雖も、蔵は初なり、過重し」ということになり、このような理由によって阿頼耶を最初に出したと云うのである。

以上が『頌』に於ける「初阿頼耶識」（自相門）の解釈である。

② 果相門

次に『頌』に「異熟」と云う。『論』に果相と称しているのがそれである。なぜこの識をまた異熟と云うのかについて、『論』では、この識は善不善の業により、因是善悪果是無記と引かれた異熟果であるから、異熟と云ったのだと云うのである。

有部等では命根とか衆同分とかという法を立てて、生命現象を説明しようとしているが、生命の基本条件たる恒時相続、真異熟ということは、この異熟果たる第八識の他に在り得ないとしている。即ち第八識のこうした面、こうした角度からの把握を果相と称したのであるが、この異熟を果相と称したことに疑問が起るので、その疑問に答えたのが、『論』に「異熟と云う、寛く不共なり、故に偏えに之を説けり」と云っているのがそれである。

ではその疑問というのは何なのであろうか。ここで異熟果なるが故に果相と称しているが、後に『論』巻八（p.7,a）に、果に五種有りと称して、異熟と等流と離繫と士用と増上とをあげている。それが果であるが故に果相というのであるならば、第八識は五果の中、もし法士用を立てる師によれば離繫を除いた他の四果に通じ、人士用を立てる師によれば、離繫と士用とを除いて他の三果に通ずることになる。となると、それらの通じうる果名を与えてもよい筈であるのに、何故に異熟果のみに限定してこの識に異熟という名を与えたのであろうかという疑問が起るのである。

既に述べた如く、それに対する回答は、「寛く不共なり」というのがそれである。不共というのは、異熟以外の他の果名は、七転の諸法にも通ずる故に共なり、異熟のみ余法に通じない不共の名であるから、これに限って第八識の名としての位置づけをしたと云うのである。また、この善悪業果の異熟に於てこそ「寛なり」という義が成り立ちうるので、この名を与えたと云うのである。即ち「寛なり」とは、先に述べた我愛執蔵現行位等の阿頼耶の三位に於ては二位に通じ、五位、即ち一、異生位、二、二乗有学位、三、二乗無学位、四、十地の菩薩位、五、如来位の五位に於ては四位に通じ、また十三住に於ては十二住に通ずる等による（『述記』二末 p.71,b）と云っている。

しかし、当然次のような疑問が起るであろう。即ちもし寛ということを云うならば、第三の相続執持位の阿陀那は更に寛なりと云いうるのに、何故にこれを用いないかという疑問が起ることになる。

それについては、『述記』二末(p.71,a)に云う所を敷衍しようと思う。即ち、この『頌』はもともと外人の問難に答えて、我法熏習、変似我法等を明かしているのである。だから本来の立場として、熏習位の識が説かれねばならないことは自明である。若し更に寛なるものは仏位に通じ、仏位には熏習なきが故に無用を説いていることになる。若しまた更に狭きを説かば、八地以後になお熏習あるが故に、説に不足を生ずることになるというのが一義である。或はまた別解として、有漏位に約し、因位の虚妄有る位を説かんとするので、仏位は説かず、因位の位に限って云うとき、異熟性で以て「寛(於因位)狭皆得たり」ということになると云うのである。

『述記』では更に続いて、果相の体如何という問題を出して、二義を設けている。第一義は拠実門で、実に拠って云わば、第八識中の後三分と、第八識の自の種子とをとり、第二義では、種子はかくれたるが故にこれをとらず、勝れたるによって現行の後三分としているのである。前義の拠実論なるに対して、後義は拠勝論であるが、疏主は、本頌が三相共に唯現行を取るが故に、後義を以てこの『論』の正意と判じているのである。

③ 因相門

次に頌に「一切種」と云う。『論』に因相と称しているのがそれである。なぜこの識を、また一切種と云うかについて、『論』では、この識が「能く諸法の種子を執持して失わしめざるが故に」と云っている。諸法の種子を執持して失わしめざるが故に、この識が諸法のための因相たりうるわけである。即ち、現行の第八を意味するのが論意である。それについて、しかし次のような疑問が残る。諸法の種子は、色心因果・三性各別なる法の因、従って現行の第八とは別体である。であるのに現行の第八を以て、如何にして諸法の因とし、因相と称するのかという疑問である。これについては、体用門と因果門ということがあり、それによって、第八の現行を因相とするという論を立てるのである。

先ず体用門とは、第八識の現行と、その現行に収められている種子とは、体と用との関係にある。現行の第八識は体、諸法の種子はその体の生果の用である。その用を体に帰して（摂用帰体）云えば、諸法の種子より諸法を生ずるそのままが、実に第八識より諸法を生ずるということになるとする、これを体用門と云うのである。

次に因果門と云うに二種あり、一には因縁門の増上縁、二には増上門の増上縁とする義である。因縁門の増上縁とは、諸法の親因縁は色心各々、三性各別の種子より生じているので、第八識より生ずるものではない。諸法は自種より生ずる、それを因縁門と云う。しかし、諸法の種子が種子として諸法を生じうる功能を有しうるのは、現行の第八識によって執持せられているからである。となると、現行の第八が諸法の種子を執持していることが、種子より諸法を生ずるための増上縁となっていることになる。それを因縁門の増上縁と云うのである。

次に増上門の増上縁とは、総括的に云えば、前七転が生ずるには、いずれも所依の根に依らねばならぬ、即ち、前五識ならば五根に、第六は第七に、第七は第八に、第八は第七を所依の根とする。ところが、五根を執持するものは現行の第八、第六は第七を所依とするが、その第七は第八を所依とする、故に展転して云えば、第六もまた第八を所依とすることになる。かく見てくると、前七転はいずれも、現行の第八を所依とし、増上縁として生ずる義が成り立つ、この義辺を増上門の増上縁と云うのである。詳しくは『述記』二末（p. 90, a）、『了義灯』三（p. 45, a～p. 46, b）を見るべしである。意味的に云えば、因相は現行と種子とに通ずるが、『論』の建前としては、三相共に現行の義について云っているという見方をとるのである。

④ 所縁門

『頌』に「不可知の執受と処と」と云っているのが、阿頼耶の所縁を頌しているのである。「不可知」の言は、所縁（ālambana）と、次の行相（ākāra）との両門にかかり、その所縁、即ち阿頼耶識の対境と、行相、即ち阿頼耶識のはたらきとが、共に微細にして知り難きを説いて、不可知と称しているのである。『頌』によれば、所縁に二有り、一を執受（upādi）、他を処（sthāna）と称している。

『述記』三本（p. 31, a）によるに、初の執受について「執とはこれ摂の義、持の義。受とはこれ領の義、覚の義なり」と説明し、更に「摂して自体と為し、持して壊せざらしめ、安危共同にして之を領受し、能く覚受を生ずるを名づけて執受と為し、領して境と為す」と、執と受とを併せ説いているのである。もし具体的に執受と云われるものを示すと、種子と有根身、即ち第八阿頼耶の作用として万法を生ずる種子と、自己の肉体、即ち有根身とのことである。即ち執受に四義ある中、種子は前三義、即ち第八阿頼耶がそれを摂して内の自体とし、持して壊せざらしめ、領受して自己の所縁の境として存在せしめているのであり、有根身は四義をみな具している。即ち第八識がそれを摂して内の自体とし、持して壊せざらしめ、領受して境とし、更に覚受あらしめている。

覚受とは肉体感覚のことである。換言すれば、種子が万法を生ぜしめる功能としての活力あらしめられ、肉体が生命的存在として在りうるのは、共に阿頼耶の執受力によるのである。有部等が命の根と称した命根、彼等には、それを阿頼耶として、明確に把握出来なかったので命根と称していたのであるが、唯識学派より云うと、そうした意味をも含め、しかしもっと広い意味をも持たしめて、それを阿頼耶と称しているのである。

次に同じく所縁の中の他の一、即ち処についてである。執受の形容詞として用いられた「不可知」ということが、この「処」にもかかり、その「処」を「不可知の処」というのは、前弁の如くである。『論』巻二（p. 26, a）には「阿頼耶識は因と縁との力の故に、自体の生ずる時、内には種と有根身とを変じ、外には器を変為す、即ち所変を以て自の所縁と為す」と云っているように、阿頼耶、即ち自己が生を受けたとき、因と縁との力の故に、自ずから内には種子と肉体とを転変し、外には器、即ち外界、自己に属する外界を変為しているのであり、阿頼耶は、自己が変為したその所変を以て、自己の所縁の境としているのである。その外器、阿頼耶所変の世界、そして同時に阿頼耶の所縁となる外器、それをここでは「処」と称しているのである。

人間が生れるということは、既に出来上っている世界の中へ生れてくるのでなく、生れることによって、自己独自の世界を創造することである。だから逆にいえば、死は、精神や肉体だけの死ではなく、自己の創り出している外界の消失ででもあるわけである。そこを『論』では「諸の有情の所変各別なりと雖も、而かも相、相似たり、処所異なること無し、衆灯明の各々遍じて一に似たるが如し」

と云っているのである。処の第一が執受であるのに対して、これは非執受である。しかし共に所変であり、所縁であって、この関係が破壊されることを、本学派では死という現象だと把えているのである。

そうと聞かされても問題は残る。何とならば、この学説の生れたインドでは、例えば、この世界が自滅する前一劫の間、世界は全く無有情の状態で持続すると云われている。現に有情が存在している状況で云うならば、話は一応はうなずけるが、有情が全くいないとなると、無有情界となって、変為する者なきに、世界のみ存在するということになる。そうなると、阿頼耶によって世界が変為されるというような学説は、根本的に考えなおされねばならぬこととなる。それは今日のわれわれの疑問でもあるわけである。

そこで『論』では「誰が異熟識が此の相を変為するや」という論が展開されるのである。それについて『論』巻二（p. 29, b）以下に、二師（護月と護法）が三義をあげて説明しているが、結局は第三義、即ち護法の後義を以て正義としている。即ちその言う所によると、第一師は契経（立世阿毘曇論十に出づ）に、「一切有情の業増上力の共に起す所」とある文に根拠して、一切有情の共所起と云っているのであるが、それでは、仏菩薩が穢土を変作し、或は諸の異生の類が、他方と、そして此の界の浄土を変作したり、或はまた諸の聖者の、有色を厭離して無色界に生じ、有色に生ずることなきに、それを変作するというようなことにならざるを得ない。処を変ずることは、もともと身心の用に供せんが為のものであるのに、かくの如き矛盾を来すことになる。だから契経では、一切の有情といっているが、それは少分一切のことで、現に居るものと、当に生ずべきもの、即ちそれらのものは業を等しくするので、その等しき業によって共変しているのだと云って第一義を破しているのである。

その第二義は、第一義を破するには有効であるが、しかしなお疑問を残している。というのは、壊劫最後の一劫は有情なく、器世間のみと云うことは、定説として『瑜伽』『倶舎』等の伝えるところである。既に壊してしまうと云うのであるから、当生のあるべき筈もない。能変の異熟なくして、どうして器世間が存在するのか。このことは、成劫の初にも此の界に有情なきに、器界のみ有りと云う場合に於ても同様である。そこで第三義が出てくるのである。

第三義では、この界の現居と当生が変為するのは勿論であるが、他界自地の有情もまた共変すると云うのである。即ち欲界の外器は、自界他界の欲界の有情の共変する所、色界の外器は、自界他界の色界の有情が共変すると、三界各自変の義を以て正義としている。他界とは他の三千界のことである。これによって、壊劫・成劫のとき、自界の有情なきに、なお器界の存在するのは、他界の自地の有情の異熟による変為と見、先の疑問に答えんとしているのである。

⑤ 行相門

『頌』の最後の所に「了」(vijñapti)の字があるが、この一字が阿頼耶識の行相をあらわしているというので、ここを行相門と称したのである。行相とは境相に行ずるという義である。行ずるとは遊歴往歩の義で、見分が境の体相上に遊行するを云うのである。今の場合では、『論』巻二(p. 26, a)に、「了とは、謂く異熟識が自の所縁に於て了別の用あるなり、此の了別の用は見分に摂めらる」と云っている通り、種・根・器の三種の境相を阿頼耶の見分が了別すること、それを見分が三境の相に行ずるという云い方をしているのである。

『述記』三本（p.30,b）には、阿頼耶識の場合に限らず、一般に通ずる解釈として、この行相の解釈について三解を出しているが、「相とは体なり、即ち謂く境の相なり、境相に行ずるを以て名づけて行相と為すという第一解を以て広く一般に通ずる正義とし、他の二解、即ち「相とは謂く相状」という第二解と、「行解の相貌」という第三解とは、無分別智が真如を縁ずる場合に通ぜずというので、それを採用していない。

さてこの了別、見分の行相、このことが完結するための構造として示されたのが、彼の四分説である。この説については、安・難・陳・護一・二・三・四と称せられているように、教学史上、そしてまた教理学上、種々の問題を含んでいるのは周知の通りであるが、最後的に四分説を完成したのは護法であって、唯識学派としては、それが最終的なものとされている。この四分説に関する詳細な研究は、松室の仲算が『四分義極略私記』なるものを上下両巻ものして、研究の成果をあげているが、四分説についての詳細は別の問題とし、ここでは、四分が設定せられねばならなかった、要請のみについて紹介したいと思う。

先ず相・見二分についてである。そこを『論』巻二（p.26,b）では、相分については、「若し心・心所の所縁の相無くんば、自の所縁の境を縁ずること能わざるべし」「或は一一能く一切を縁ずべし、自境も余の如く、余も自の如くなるべきが故に」と、而して見分については、「若し心・心所の能縁の相無くんば能縁に非ざるべし、虚空等の如し」「或は虚空等も亦た是れ能縁なるべし」と称している。即ち所縁の相、即ち相分がなかったならば、すでに所縁の相なしと云うのであるから、能縁の見分は自の所縁の境を縁ずることは出来ないであろうし、もしまたそれと逆に、相分がないのに能縁の心が境を縁ずることが出来ると云うのであるならば、一々の識が一切の境を縁じうると云うことにならねばならない。何とならば、眼識は眼識、耳識は耳識と相分があればこそ、各々の識は分を守って余境を縁じないのに、もし相分なくして境を縁じうるならば、相分なきが故に、自境と他境との区別がなくなり、従って一一の識が一切の境を縁ずるというように、現実と相反することにならねばならなくなる。だから、先ず相分の存在を許さねばならないことになる。

このことは、能縁の見分を認めない場合にも、不条理を生ずることになるであろう。即ち、もし能縁のはたらき、即ち見分なしと云うならば、これまた同様の矛盾を生ずるであろう。何とならば、もし能縁の相たる見分がないとするならば、能縁たることが出来ないであろう、即ち能縁の相なき虚空が、能縁たること能わざると同様である。もし逆に、能縁の相なきに能縁たりうると云うならば、虚空等もまた能縁なるべしと云わねばならない不条理に陥る。故に心・心所には、必ず能・所縁の二相、見・相の二分がなければならないと云うのである。

次に自証分についてである。即ち『論』巻二（p. 27）に、「相と見とが所依の自体を事と名づく、即ち自証分なり」「此れ若し無くんば自ら心・心所法を憶せざるべし、曾って更《へ》ざりし境をば必ず憶すること能わざるが如くなるが故に」と云っているのがそれであり、更に「然かも心・心所一一生ずるとき、理を以て推徴するに各々三分有り、所量と能量と量果と別なるが故に、相と見とは必ず所依の体有るが故に」と云っているのがそれである。

この三文は、関連の文であるが、『四分義私記』巻上（p.11,a）には、自体分を所依の事として立てるための、先徳所伝の三の理証として扱っている。しかし松室は、前二証は、別して第三分を立てるため、第三証は、総じて三分を立てるための理証とことわっている。即ち第一の「相と見とが所依の自体の事」として自証分を立てると云うのはどういうことであろうか。この論は既に「識に離れたる所縁の境無しと達せる者」の間の議論である。かりに『私記』によって三義として解説する。

第一には、相・見二分は、二分として各別のものであるけれども、しかし相分は、見分に離れて、別個条然たる各別の自体のあるものではない。相分が見分に離れ、それ自身自立した別体があるならば、恰も心と心所との如く、各自自体ありて自立しているものならばともかくとして、相・見二分の関係は、離すことの出来ないもの、一識に於ける能・所の功能にすぎない。従って、別なる功能相・見二分の、その不離なることを考えた場合、必然的に二分が依止せねばならない事、即ち自体分・自証分が要請されてくると云うのである。

以上は『述記』によって述べているのであるが、慈恩はまた別の場所（三本 p.48）で「若し自証分無くんば、相・見二分は所依の事無きが故に、即ち別体を成じて心外に境有らん、今所依有りと云うが故に、心に離れて境無し、即一体なり」とも云っている。

次に第二であるが、論文は前出の如くである。言うこころは、所縁の相分を憶念することは見分によってなされるが、見分を憶念することは、もし自証分がなかったならば、誰が憶念することが出来るであろう、相分を憶念するものが見分である如く、見分を憶念しうるものとして必然的に自証分が要請せられると云うのである。

次に第三である。この第三は、前二項が、自証分の理証であるのに対し、三分全体に対する理証だと云うのである。所量と能量と量果という項目をあげているので、前弁の如く三分の理証と云うのであろう。量られ手の所量は相分、量り手の能量は見分、見分が相分を量ったとしても、量った結果を確認する者がなければ、量るという行為は完結しない。自証分があればこそそれが可能だと云うので、三分共、それぞれの役割りを果たしていることを述べたものである。以上でもって、第三分自証分の要請せられねばならない理由を述べたわけである。

次に第四証自証分についてである。第三分は『論』に陳那の『集量論』を援用しているので、古師すでにこれを立てていたことがわかるが、第四分を立てることは、護法不共の説である。そのこれを要請する所以を、『論』巻二（p. 28, a）には、「此れ若し無くんば誰か第三を証せん、心分既に同なるを以て皆証すべきが故に」と云い、「又た自証分は果有ることなかるべし、諸々の能量は必ず果有るが故に」と云って、二の理証をあげている。即ち第一の理証の意は、第二分を縁ぜんが為めに既に第三分を立てた、若し第四分がないと云うならば、誰が第三分を証するや、第二分の心分にして証あるが如く、第三分に於ても証がなければならない筈である。何とならば、共にこれ心分であることに変りがないからである。

次に第二の理証の意である。見分を以て能量と為す時には、第三分を以て量果とする。とすると、今、第三分を能量とするとき、誰を以て量果とする。即ち第四分が有って第三分の為の量果となるものがなければならない筈であると云うのである。そして『論』では、では第五分等を立てねばならない要請があるかも知れないが、第三分はただ現量の故を以て、第四分の量果は第三分によると、では第三分の量果として見分がそれをすればよいではないかというような議論が出るので、見分は現・比・非の三量に通ずるが故にそうなし得ないこと等を述べ、結局は、阿頼耶の了ということは、この四分説によることによって、初めて完結する義を明かしているのである。

⑥ 相応門

『頌』に「常与二触・作意・受・想・思一相応」(常に触と作意と受と想と思と相応す)とあるのがそれである。第八識は、仏果では二十一の心所と相応するが、未転依の間は、触と作意と受と想と思との五の心所とのみ相応倶起するので、この五を相応の心所として示し、この一段を相応門と称しているのである。この五の心所を遍行(sarvatraga)と称しているが、その意味は、如何なる心でも、いやしくも起ればこの五の心所が必ず倶起している、この五の心所の倶起なくして起りうる心なしと云うので、遍ねく行ずる、即ちこの五に遍行という名を与えたのである。

五遍行各別の説明に入る前に、先ず相応ということの意味から説明しようと思う。『論』巻三(p.3, b)によると、「行相は異なると雖も、而かも時と依と同なり、所縁と事と等し、故に相応と名づく」と云っている。これを一般に四義平等と称し、相応という言葉の規定の仕方となっている。即ちこの触等の五の心所は、異熟識とは行相(見分)は各別、或は心所相互間に於ても、行相は各別であるが、しかし時と依、即ちそれらの心王・心所が起るのは同一刹那、即ち時同であり、依も心王・心所共に同一のものを依としているので依同であると云うので、「行相は異なると雖も、而かも時と依と同なり」と云っているのである。

時同はわかり易いが、依同とはどういうことであるかと云うと、この『論』巻四（p. 13, a）に「諸の心・心所をば皆有所依と云う、然かも彼の所依に総じて三種あり」と称して、一に因縁依、二に増上縁依（倶有依）、三に等無間縁依を出している。因縁依は、心・心所が各々別々の種子より生ずることを云っているのであるから、同ということは云いえぬ。依同と云うのは、『述記』三末（p. 22, a）にも、「依同」を説明して「依とは謂く依根なり、倶有と無間となり」と云っているように、増上縁依（倶有依）と等無間縁依とが同一であることを云っているのである。

『論』巻四によると、この二の依について、前者では難陀・安慧・浄月等の義を経て護法に、後者でもまた、難陀・安慧の義を経て護法の義が出てくるので、その間の消息はきわめて詳細であるが、今の「依同」について云うならば、護法が、第八識の増上縁依は、第七識を以てこれにあてたその第七識が、同時の相応の心所のためにも、同じく倶有・増上縁依となっていること、また等無間縁依について云うならば、前念の第八識を後念の第八のための等無間縁依とする如く、その如く、第八相応の心所も、一寸考えると等無間縁依として各自の前念の心所をあてそうに思えるが、そうはしないで、前念の第八心王が、後念の第八の為に等無間縁依となる如く、相応の心所の等無間縁依も、また前念の第八なりとした義、そこで心・心所の倶有と、等無間とが同、即ち依同だと云うのである。この義は『論』巻四（p. 24, a）に詳しく議してあるところである。

次に「所縁と事と等し」というのは、所縁即ち相分は、各々別々であるが、この場合、共に同一の種・根・器を縁ずるのであるから、その相分は相似している。その相似のことを等しと表現しているのである。次に事の等しというのは、事とは自体分のこと、その自体分は、所縁の場合と同様、各々別々であるが、しかし心王の自体分もその数は一、各々の心所の自体分もその数は一というように、体は別であるが数は等しい、そういう意味で「事等し」と云っているのである。心王と心所との関係に、こういう四義があるので、それを四義平等と称し、相応という言葉で表現しているのである。

次に触・作意等と云われる五遍行の心所の意味を解説したいと思う。『論』には巻三(p.1,a~p.3,b)に於て、性と業、即ちそれぞれの心所の自性と、その自性が自ずから備えている作業、即ち業という二つの角度から、これを解説している。

先ず触（sparśa）についてであるが、「触と云うは、謂く三和して変異に分別《ぶんべつ》するぞ、心・心所を境に触れしむるを以て性と為し、受・想・思等の所依たるを業と為す」と説いている。『論』では以下に引続いて、「謂、根・境・識更相随順故名三和」等と、更に文章が続いているが、要するに、この性と業とを広説したものである。広略両釈と取りまぜて説明すると、触とは、根・境・識の三を和合せしめ、心・心所をして境に触対せしめる性を有するものである。そこに「分二別変異一」とあるのは、先ず変異であるが、これは三和の位と、三未和合との間に変異があるので、そう云っているのである。ということは、根・境・識の三法が和合している時には、三法に各々一切の心所を生ずる功能がある。ところが三法が種子位の場合、或はたとえ現行するとしても、未和合の場合には、心所を生ずる功能なし、この三和と不和合との差によって三法の用に変異が生ずること、それを変異と称しているのである。

次に分別《ぶんべつ》の意である。分別の文字は、了別を意味する場合と、区別を意味する場合があるが、今の場合は、「似て起るが故に分別と名づく」と『論』に説明し、その区別を知らしめるため、南都では今の場合、分別《ぶんべつ》と読ましている。では分別、「似て起る」というのは何を意味しているのであろうか。『述記』の解説によると、変異は三法の上の体の用について云ったことであり、分別は触の功能についての言葉だと云うのである。即ち、前の三和合によって諸々の心所を生ずる変異の用を生じたその如く、三和合により、触の功能上にも、また三法に似て諸々の心所を生ぜしめる用を生じたそのことを分別、「似て生ずる」と云ったので、この功能が有るから、それを心・心所をして境に触れしむる性有りと云うのであり、同時に、だからまたこの触が、作意等の心所の所依たるの作業をしていることになると云うのである。

この触に関し、更にまた、三和成触、三和生触等の論あり、有部・経部・大乗等、各々義を立てて争う所であるが、それは『倶舎』巻十(p.3,a)、『唯識述記』三末(p.10,a 以下)に譲る。

次に作意(manaskāra)についてである。『論』巻三(p.2,a)に「作意と云うは、謂く能く心を警するを以て性と為し、所縁の境に於て心を引くを以て業と為す」と云っている。即ち、意を作動するので作意というと云われているが、それに性と業とあり、性はまさに起すべき心の種子を警覚して引発すること、而して已に現行した心を引導して所縁の境に趣かしむるを以て作業としているのである。ここでは心をしてと云っているが、心は主たるが故にそう云ったまでで、心所にも通ずることは、他の場合と同様である。さて、この作意についても、広釈段ではいろいろの問題が提起してあるが、今はその一問だけを紹介しておく。それは、この作意の心所の警覚作用は、現行の位にあるのか種子の位にあるのかというようなのは、その一例である。それについて『述記』では二解を出しているが、その中、種子の位とするのを正義とし、従って『同学鈔』三之二（p. 16）に於ては、その義を論定してある。しかし他方西明は、種・現に通ずるとしているので、『了義灯』四末ではこれを破している等の経緯がある。

次には受（vit）についてである。『論』巻三（p. 2, b）には「受と云うは、謂く順と違と倶非との境の相を領納するを以て性となし、愛を起すを以て業となす」と云っている。ここは非常に問題があるところで、例えば性についても業についても、第八阿頼耶は、任運微細の識で違順等の相を分別することのない識ではないか。或はその業についても「愛を起すを以て業と為す」と云うけれども、これまた第八識は、愛欲を起すものに非ず、だのに相応の受の心所を「愛を起す」とあるは如何などと、問題をはらんでいる。前者については『同学鈔』三之一（p. 1, a～b）に、違順の境を縁ずることは否定出来ないが、違順と分別すること能わざるものとしているし、後者については、『述記』に二義を出し、初義、即ちこれは受の心所のすぐれた功能をあげただけで、第八相応の受の心所に、この功能があるにあらずと云い、この義を以て正義としているのである。

次には想（saṁjñā）である。『論』巻二（p. 3, a）には「想と云うは、謂く境に於て像を取るを性と為し、種種の名言を施設するを業と為す」と云っている。即ち所縁の境に対し、かれは赤し、これは青し等と、かたち取りし、その像に従って、かれは赤、これは青と名言を施設する功能を云う。しかし、ここでもまた問題がある。というのは、名言を起す因となる親しきものは尋伺の心所で、想は疎なる関係のみ、そのことは『枢要』下本（p. 1）『了義灯』四本（p. 6）に見える通りである。また想の心所にして名言を起すものは、第六相応の想の心所で、第八相応のものにはこの功能はない。であるのに、何故に「種種の名言を施設するを業と為す」などと云ったのであろうかという疑問である。その答えは、受の心所の作業に於てもそうであったように、ここでも、それは想の心所のすぐれた功能を現わし示したので、第八相応の想の心所に名言を起す作用ありという意味ではないと云うのである。

次に思（cetanā）の心所についてである。『論』巻三（p.3,b）に、「思と云うは、謂く心を造作せしむるを以て性と為し、善品等に於て心を役するを以て業と為す」と云っている。広釈段の説明によると、身口二行に於て、正行といわれ邪行と云われるものの因となるものは、所縁の境である。所縁の境の相によって、或は正行を起し、或は邪行を起すので、所縁の境のことを境の正因等の相と云っているのであるが、その所縁の境の相を取って、己が心を駈り立て、善悪等を造作せしめるもの、心の文字には勿論、心所をも含めてのことであるが、そういう役目を果すものを思の心所とするのである。

⑦ 受倶門

受倶門とは、『頌』に「唯捨受」とあるのに対する名称で、第八識と倶なる受が何であるかを確めようとしている一項であるので、受倶門と称したのである。そして、前に「常与触・作意・受・想・思相応」とある最後の相応の字が、またこの「唯捨受」にもかかり、「相応唯捨受」ともなるのである。「捨受」（upekṣā vedanā）とは、受の心所に三受、或はまた五受ありと云われるが、その中の一である。受には適悦の行相で起る受あり、逼迫の行相で起る受あり、非逼非悦の行相で起る受あり、大まかに云うと、適悦の受の中、五識を適悦するを楽受と云い、意識を適悦するを喜受と云い、逼迫受の中、五識を逼迫するを苦受と云い、意識を逼迫するを憂受と云い、非二の行相で起るのを捨受と称している。細かく云うとそうでない場合も出てくるが、詳しくは『論』巻五（p.23,a）『述記』五末（p.84,a 以下）に出づるが如くである。

では何故に第八識相応の受は、「唯捨受」のみにして他にあらざるか、それについては『論』巻三（p.3,b以下）に、三の復次、即ち三項目に分けてその理由を説いている。

第一の復次というのは、此の識の行相は極めて不明了である。従って違と順との境の相を分別することは出来ない。微細である。一類である。相続して転ず。第八識のこの五義を思うとき、自然の結果として、捨受のみより倶起相応することは出来ないと云うのである。

次に第二の復次では、第八相応の受は、過去の善悪業に引かれるままに転じて現縁を待たず、故に唯捨受のみの相応である。苦楽の二受は現縁を待って生ずるものであるから第八と相応しないと云うのである。

次には第三の復次である。ここでは、第八は一類相続するものであるが、その一類相続の相が、我の常一の相に似ている故、第七識がそれを縁じて我なり我なりと執するのである。しかるに第八が苦・楽受と相応するとなると、転変変易することになるので、第七識がそれを常・一の我と執ずる筈がない。故に第八は唯捨受とのみ相応し、従って苦・楽受とは相応しないと云うのである。以上を以て「相応唯捨受」の理由としている。

⑧ 三性門

『論』では「法に四種有り、謂く善と不善と有覆無記と無覆無記となり、阿頼耶識をば何れの法に摂るや、此の識は唯だ是れ無覆無記なり」と称している。覆には、覆障の義、即ち染汚法が聖道を障る義と、覆蔽の義、即ち心を蔽うて不浄ならしむる義とがある。無記は無記でも、有覆無記はこの二義を具しているので有覆無記と云われるが、無記にしてこの二義を有しないものを無覆無記と云い、第八阿頼耶識はこの無覆無記だと云うのである。無記については『論』に、「記とは謂く、善と悪とぞ、愛・非愛の果を有し、及び殊勝の自体なるを以て記別すべきが故に。此は善悪に非ず、故に無記と名づく」と云っている。

では阿頼耶識を何故に無覆無記としなければならないのか。それについては、「異熟性なるが故に」と。異熟性のものは、無覆無記なるが定まりだと答え、それを詳しく三項に分けて説明している。即ち、第八識が異熟性ということは共通的に認定されているから、この阿頼耶識は、当然に無覆無記でなければならない。何とならば、もし第八識が善或は染の法であるならば、性、相違するが故に染・善の熏を受けることが出来ないことになる。もし染にして善の熏を受け得ない場合は、還滅門が成り立たないし、もし善にして染の熏を受け得ないならば、即ち流転門が成り立たない。即ち、流転・還滅の二門が成立しないことになる。しかるに、この二門が成立し得ているのは、彼が異熟性であるからであり、無覆無記性であるからこそだと云うのである。

次には、第八識が異熟性にして総報の果体であればこそ、善のためにも、また染汚のためにも、即ち所依たり得るのである。もし第八が善ならば、性、相違の故に染汚のためには所依となり得ず、もしまた染汚なれば、これまた、性、相違の故に善のために所依となり得ないであろう。それが善と染とのために所依となり得ているのは、異熟性にして無覆無記であればこそだと云うのである。

次に第三には、第八識が所熏性なることは、(『論』で云えば既に巻二 (p.23,b) に述べる所である) 理の当然である。もし法が善・染にして染・善に相違すれば、理として熏を受ける筈がない。法が平等にして違逆する所なき無覆無記性であればこそ、第八識の受熏が成り立つというのが第三の理由である。熏習ということで論を立てたのに対し、『論』では、熏習を云わない薩婆多等から、受熏の識など、云わないでもよいではないかと難を出したので、それに対し「熏習無きが故に染浄因果倶に成立しなくなんぬ」と返論し、総結として、だから「此は唯だ是れ無覆無記なり」と云っているのである。

心所相例門

『頌』に「触等亦如レ是」とあるのについての解説である。『述記』二末 (p.83,a) に「触等も亦た是の如しと云うは、倶時の心所を王に例同するなり、是れ第八識を分別するには非ざるなり」と云っている通り、この項は、阿頼耶識を、自相・果相等と十義を以て分別している十義の中へは入らない、倶時の心所を心王に例同してみせる叙述である。では第八識に十義あるが、十義中の何の義に例同するのかと云うのについて、『論』巻三 (p.5,a 以下) に四説があげられている。その中、第一と第二と第四とは護法の別義であり、第四を以て正義としている。第一・第二は尽理の説とは云い難いが、過失があると云うのではない。それに対し、第三説は難陀の説であり、これには大いに過失ありとして、『論』での問題となっている。但し『論』の叙述の仕方は、第四説を別出していると云うのでなく、第三説を破釈する下で第四説を出しているのであるから、文段としては三段から出来ているやり方をしている。ではその四説如何と云うことになるが。

第一説は、直前に「是れ無覆無記なり」と云っているのであるから、それに例同して「亦た是くの如し」と云い、触等の倶時の五法も、第八識と同様に亦た無覆無記だと例同したものであると云うのがそれである。

次に第二説は、単に無覆無記性に例同するのみではないとして、『論』には「触等の五も阿頼耶の如く亦た是れ異熟（一、果相門）なり、所縁行相倶に不可知（二、不可知門）なり、三種の境（三、所縁門）を縁ず、五の法と相応（四、相応門）す、無覆無記（五、三性門）なり、故に触等も亦た是の如しと云う言を説けり」と云い、五種の義、即ち五門を以て例同すとしているのである。

ここに不可知門という初めての言葉が出てきたわけであるが、これは阿頼耶を十義門として観察する場合、不可知門を開く扱い方と開かぬ扱い方があり、上来は、開かぬ扱い方によったのであるが、ここの『論』では、開く扱い方によっているのである。その開不開のことについては『述記』二末(p.82,b)について見ればよい。もし従来の扱い方の如く、不可知門を開かぬ扱い方で例同を云うならば、十義の中、後の二義は、未だ問題に上ってないので、八義について云うことになるが、その中、自相門と因相門と行相門と受倶門とはこれを除き、果相門と所縁門と相応門と三性門とが例同されることになるのである。しかし、もし不可知門を開けば、五義、五門を以て例同することになるのである。但しその例同について、相応門に於ては不審が残る。というのは、触等の心所が五と相応するのは、各々の自の一を除き他の四と相応、それに心王を加えることによって五の数は同となるけれども、相応する法に相違があるからである。因って『同学鈔』三之一（p. 10, a）『泉鈔』三之上（p. 22, a）等、このことに関して論有り、『泉鈔』では「五の法、是れ同なるを以て応に随って相例するなり」と云ってこれを認容しているし、『同学鈔』の意もまた然りである。

次に難陀の義と云われる第三説である。この師の説は、先の五門の上に因相門を加え、六門に例同すると云うのである。五門に例同することは、第二師の説に同ずるのであるから、問題があろう筈がない。更に因相門を加えるから問題が起るので、これを加えるか否か、その論争の推移が、『論』巻三（p. 6, a〜p. 7, b）の、「有義」の文段下でなされている。この文段、『述記』では二十三段と分けており、『枢要』では十段とまとめている。『枢要』の方が簡単なので、今はそれに従ってその推移を探ることとする。

難陀等が例同中に因相門を加えたのに対し、護法家より「彼が説理に非ず」と「総非」（第一段）し、次に、「所以は何ん」と却って彼より「却詰」（第二段）し、そこで護法家より難じて、難陀家では、因相門を例同するが、それでは第八相応の心所も熏を受け、一切諸法の種子を持するということになるので、熏を受けざらしむる（第三段）義、即ち受熏するには『論』巻二（p. 23, b）に、所熏の四義なる規定があり、その第三の可熏性の義に自在の義がなければならぬことが説かれているが、自在の義は心王に限られるので、触等の心所は不自在にしてそのいわれなしと、これを拒否しているのである。

次に彼れ難陀家が、ほしいままに、かりに心所に受熏の義を立てたとした場合、五過有りとしてこれを破釈（第四段）している。五過とは、一には一有情に六躰有りという過、二には多因にして一果有りという過、三には一果を除き、他の五種無用という過、四には熏習する時、同時にして、しかも勢力等しというのであるから、果が次第して生ずることなき過、五には頓に六果を生ずるという過、この五過を以て、かりにも心所に受熏などという義は許せないと破している。そこで彼が家では「他救」、即ち救釈を設けて因相門を例同すると云ったからといって、心所までが熏を受け、種子を持すると云っているのではないという意味で、「誰か言う触等も亦た能く熏を受け諸の種子を持す」（第五段）と云うので、護法家より更に「復詰」（第六段）して、もし「爾らずんば如何が触等をも識の如く一切種と名づけん」と一切種、因相門に例同することを詰問したのである。

ところが彼、弁解「救釈」して云うには、一切種、因相門に例同するということは、心所までが熏を受け種を持するということを云っているのでなく、心所の上に、種子に似たる相分のあることを一切種と云うのみである。第八識の相分たる種子は能く果を生ずるから真の種子であるが、心所の上の相に顕われた種子は、種子に似ているけれども果を生じない種子である、故に種に似る、そういう道理を謂うのだとして、「謂く、触等の五、種に似る相有るを以て一切種と名づく」（第七段）と救っている。

そして難陀師は、その救釈を成立せしめんがために、三故を立てている。一には「触等と識とは所縁等しきが故に」、即ち、もし心所に種子の相分がないならば、心と心所とを同一所縁、所縁等しと云うことが出来ない。故に、心所の相分に似の種子有りと云わざるを得ない。二には「無色の触等も所縁有るが故に」、即ち、もし心所に種子の相分がないならば、無色界の心所には所縁がないことになる。何とならば、無色界の故に、器界や有根身は在り得ない。その時、種子があればこそ、種子を所縁として起ることになる。もしそうでない場合には、無色界の心所には所縁なしということになる。三には「親所縁縁は定んで有るべきが故」に、即ち、もし心所に種子の相分がなく、ただ第八識の種子の相分を縁じて起るというならば、それでは心所には親所縁縁がないということになる。心王の相分の種子は、心所のために疎所縁縁でこそあれ、それを親所縁縁とすることにはならぬ。故に心所には親所縁縁たる種子の相分がなければならぬと云うのである。

以上が、難陀家の救釈を成立せしめんがための三ケの理由としての三故である。そして更に二の譬喩をあげて、心所の種子には現行の識を生ずる実用なし、似種なりと述べている。二の譬喩とは、一には、心王の相分たる五根は、識が生ずるための所依の根となる作用を有するが、触等の心所の相分たる五根にはその力用なしである。その点、似根と云うべきだ。それはまた恰も、鏡中の火の如くで、鏡中の火には物を焼く力用なく、似火であるが如きと同様だと云うのである。

以上は第三師難陀家の主張であるが、それに対して「彼が救、理に非ず」(第八段)として、以下第三師の義を「正難」破釈していくのである。即ち上に述べた難陀家の救釈は、一切種、因相門に例同するという論が、いつの間にか所縁門に例同するという問題に移行されてしまっている。即ち「触等が所縁の似種等の相」は正義に於ても認めている。しかしそれは、『頌』でいえば因相門、一切種に於てではなく、後の「執受・處」に於て相例しているのである。従って「一切種」と頌せられているものは、受熏・持種の意味でなければならないものを誤り釈していることになる。また、もしかりに救釈の如く理解するとなると、『頌』は「一切種」に於て種を縁ずることを云い、後にまた「執受・処」に於て種を縁ずることを云い、重言の失を犯していることになる。因って汝が救釈は成ぜず、と破したのである。

そこで第三師は弁解して、『頌』には単に「触等亦如是」とのみ称して、別に何々を例同するというような簡別の言葉があるわけでないから、「一切種」を例同してもよいではないかと云うので「転問」(第九段)し、彼を破釈して云うには、簡別の言がないから皆例同すと云うならば、触等もまた心王と同じく了別の用がなければならぬ、触等もまた触等と相応せねばならぬという非理に陥るであろう。因って汝の云う所は成ぜず、証にならぬと云うのである。而して『論』に次に、「これに由るが故に知んぬ、亦た如是と云うは所応に随って説けり、一切を云うには非ず」(第十段)と云うのを「申宗」と称し、その「所応に随う」と云う意味を、第二師の五門の上に、しかし頌文では未だ説いていないけれども、後の第十の断捨門を加え、六門を以て例同すると云うのである。断捨門という具体的な名が論文の上に出ているのではないが、『述記』三末(p. 44, a)にこの名をあげ、この説を以て護法家相承の尽理の説、第四師の説としているのである。而して未だ説かざる断捨門を例同することへの疑問については、『述記』に、「文の便に随うを以て中間に相例せり、故に亦た捨位を例することを許すべし、初後に皆例法と、及び非例の法有るを以ての故に中間に触等の相例を説けり」と云っているが、中間の言葉を初後にかけて釈すことは仏教の解釈法として他にも例のある解釈法である。

⑨ 因果譬喩門

『頌』に「恒転如二暴流一」とあるのがそれである。「恒転」というのは、水の流れの状況を云ったので、この識が非断非常であることを譬喩したわけである。何故にこの識が恒、即ち非断でなければならないかと云うに、業果として引生せられる三界、五趣、四生と云われるものは、すべてこの識の引生する果として施設せられたものである。同時にまた、この識が、種子を持して失せざらしめているものであることも、また上来しばしば述べた通りである。その界・趣・生の本となるものがこの識であるということは、当然にこの識が、無間断であり、恒でなければならないこと、従ってそれによって、経部の色心互熏説では色心に断滅があるから、それを簡んでの発言であると考えられるし、同時にこの第八識によらねば、そうであり得ないことを物語っていることになる。それがそうであることは、この識が無間断であり、恒であることを証していることになる。

次にこの識に於てこそ、種を持して失せざらしむということは、それが同時に、一類にして恒相続するものでなければならないものであることのあかしは、『論』巻二の所熏の四義中の第一堅住性で述べられている通りである。こういう理由をまとめて、ここに恒不断という義が立てられているのである。

次に、何故にこの識について転、即ち念々生滅、前後変異すると称しているかについてであるが、それは数論が自性・神我を常一としながら、諸法のもとと立てたのを簡んだものであり、また先の所熏の四義中の、第三の可熏性に、「性堅密に非ずして能く習気を受ける」とあるのから、必然的に出てくる言葉であったわけである。

次に『頌』に「如暴流」と云われていることについてである。即ち第一には、本識によって業・煩悩等の種子が持せられるによって、有情をして長時に、善悪両趣の間に漂溺浮沈せしめ、出離を得ざらしめざる状を意味せしめているということ、第二には、暴流が風等に撃せられて諸波を起す如く、この識もまた衆縁に遇って、有情をして眼等の諸識を起さしめて因果相続せしむる状を意味せしめているということ、第三には、第八所蔵の内の種子と、第八相応の触等の現行の法とが、恒に相随転して非断非常と因果相続している状、それらの状を意味せしめて「如暴流」と云ったのである、と云っているのである。

次に『論』巻三（p.8,b）以下では、本学派が、非断非常の第八阿頼耶識を立てて説明していることに対し、第一段では、有部と正量部より、第二段では、上座部より、第三段では、経量部より、各々自派の教学的立場から、本学派を難じ、本派よりそれに答え、問答往復の結果、諸部の義を破釈しているのであるが、ここにそれを出すことは余りにも繁雑になるので省略する。志ある人は往いて見るべしである。

⑩　伏断位次門

『頌』に「阿羅漢位捨」とあるのがそれである。『述記』三末（p.61,a）以下の説明によると、『論』

のこの部分の解説を、略広両釈に分かち、両釈を組合せて解釈しているので複雑な形となっているのである。略釈の部分というのは、頌文の「阿羅漢」の説明と、「捨」の説明とを、字義的、直接的に解釈したのである。それに対し、広釈というのは、直接的・字義的解釈に対して、それを三乗の階位にかけ、三乗に通じて具体的に解釈すると、論師の間に異義を生ずるので、それをどう捌くか、その捌き方についての問題になっているのである。即ち略釈では「諸の聖者の、煩悩障を断ずること、究竟して尽る時を阿羅漢と名づく」と云い、「爾の時には、此の識の煩悩麤重を永く遠離するが故に、之を説いて捨と為す」と云って文字的に説明しているのであるが、これを具体的に説明する広釈段になると、この文字に基いて三義が出てくるのである。初めの二義は、護法の別義で、正義とされているが、第三義は、難陀の義で、不正義とされている。

第一義は、略釈段の麤重を種子と解釈し、煩悩障の種子まで断じ尽したものを阿羅漢と名づける義で、三乗の無学果を指す、八地以上の菩薩は、現行を伏することは伏するが、未だ種子を断尽していないのでこの中へ入れることは出来ぬ、何故というに、阿羅漢という名には、「永く煩悩の賊を害する」殺賊の義と、「まさに世間の供養を受くべき」応供の義と、「永く分段生を受けない」不生の義との三義を具したものでなければ阿羅漢とは云えぬ、この三義を具したものは無学果に局る故、阿羅漢には無学果ばかりを収めるという義である。

次に第二義というのは、既に第一義に於て、煩悩障の種子を断ぜざるものは阿羅漢に非ず、皆阿頼耶識を成就せるものなりと決したので、それをとっかかりとして疑問を提出し、問題を展開してくるのである。即ち第一義では右の如く決するが、しかし『瑜伽』の「決択分」に「不退の菩薩も亦た阿頼耶識を成就せず」とある。然かれば、八地以上の不退の菩薩は、煩悩障の現行は伏しているが、種子は断じてないのに阿頼耶を成就せぬとなると、前義に従うわけには参らぬと云う、こういう含みがあって、直往頓悟の菩薩の、八地以上もまた阿頼耶の名を捨すという第二義が産まれるのである。その第二義を成ずるために四の理由が述べられている。即ち八地以上の菩薩を不退と云うのは、第一には、たとい煩悩障の種子の未断のものでも、八地以上に至ると、煩悩が永く現行せぬこと、次に第二には、法駛流の中に任運に転ずるが故にと云っているが、その意味は、法駛流とは無相観のことで、八地以上の菩薩は、任運に専ら無相観を修して有相観を修せず、第三には、八地以上になると、六波羅蜜の行を修する場合、地前の如く、一行中に一行を修するような、また初地以上の如く、一行中に一切行を修する如きでなく、一切行中に一切行を修するのを云うのである。第四には、八地以上純無漏相続の故にである。

以上の四義によって八地以上を不退とするのであるが、既にかくの如きである以上、たとい煩悩障の種子は未断であっても、煩悩障の現行を永く伏してしまう。既に現行を伏してしまう以上、第七識が第八識に対して、我愛執蔵する筈がないから、第八識の上に阿頼耶の名を捨ててしまうと云うのである。これが第二義である。

しかし、以上第二義の如く、『瑜伽論』の不退の菩薩を解釈すると、第一義が成り立たなくなる。即ち『瑜伽論』の文は、第一義に対して違文となる。そこで第一義では、『瑜伽論』の不退の菩薩ということについて、第二義とは別の解釈をするのである。即ち第一義では、不退の菩薩を三乗の無学果という枠内で消釈してしまうのである。即ち云う、『瑜伽論』に云う不退の菩薩とは、漸悟の菩薩、即ち先に二乗の無学果を開き、煩悩障の種子を断じ、しかる後に大乗に廻心し、決して煩悩障を起さぬ菩薩、それを不退の菩薩と称するので、決して八地以上の菩薩に限るものに非ず、いずれにしても二乗の無学果から大乗へ廻心したものを不退の菩薩としていると称して、第二義の解釈とは異なっている。第一義、第二義、両方とも護法の釈義であり、許し得る解釈だとしているのである。

これに対して、第三義は難陀の説であるが、言う所は、初地以上の菩薩をも不退の菩薩として『頌』の「阿羅漢」中に収めようとしているのである。その為に五の理由、即ち「已に二空所顕の理を証するが故に」「已に二種の殊勝(正体と後得)智を得するが故に」「已に分別の二の重障を断じぬるが故に」「能く一行の中に諸行を起すが故に」「利益の為に諸の煩悩を起すと雖も、而かも彼れ煩悩の過失とならざるが故に」と称し、『集論』を引用して証拠立てようとしているのであるが、しかし結局は、分別の我見は初地に断じてしまうが、倶生の我見は初地以上にも起り、第六識相応の倶生の我見は四地まで現行し、第七識の倶生の我見は第七地にも現行し、八地以上永に伏するのである。この第七相応の倶生の我見によって、第八識が我愛執蔵せられるものを、それを無視して、菩薩に於ては初地以上阿頼耶の名を捨すなどと云い得ないと云っているのである。

第三　広説第二能変段

一、本　文

次第二能變、　是識名二末那一、
依レ彼轉縁レ彼、　思量爲二性・相一、
四煩惱常倶、　謂我癡・我見・
幷我慢・我愛、　及餘・觸等倶、
有覆無記攝、　隨二所生一所レ繫、
阿羅漢・滅定・　出世道無レ有、

二、訓　読

次のは第二の能変なり、　是の識をば末那と名づけたり、
彼れに依って転じて彼を縁ず、　思量するを以て性とも相とも為す、
四の煩悩と常に倶なり、　謂く我痴と我見と

並びに我慢と我愛となり、　及び余と触等と倶なり、
有覆無記に摂めらる、　所生に随って繫せらる、
阿羅漢と滅定と　出世道とには有ること無し、

三、解　説

第一頌の終りに「此能変唯三」(pariṇāmaḥ sa ca tridhā) と云い「唯三」の第一のが済んだので、第二の能変、即ち思量能変の説明に入り「次のは第二の能変なり」と云ったのである。第二の能変を説くのについても、十義によって説かれていると見るのが『述記』の見方である。十義というのを、頌文に当てはめてみると、

一、挙二第二能変一出二末那名一門——次第二能変、是識名二末那一、
二、所依門——依レ彼転
三、所縁門——縁レ彼、
四、出レ体釈レ義門——思量為二性
五、行相門——相一、
六、染倶門——四煩悩常倶、謂我痴・我見・並我慢・我愛、
七、触等相応門——及余・触等倶、

八、三性分別門――有覆無記摂、

九、界繋分別門――随二所生一所レ繋、

十、隠顕分別門――阿羅漢・滅定・出世道無レ有、

となる。ところが初能変に於ける十義門と、第二能変段のそれとの間に出没があるので、『述記』では第三能変のそれをも含めて、相互間の同異する所以を説いている。往見。

四、解釈

① 挙二第二能変一出二末那名一門（第二能変を挙げ、末那の名を出す門）

『頌』に「次第二能変、是識名二末那一」（次のは第二の能変なり、是の識をば末那と名づけたり）というのがそれである。かくて、先に「唯三」と称した能変の三の中、第二の能変の識を末那（manas）と云うのだと、第二の能変をあげ、その名を出したのである。頌文はただそれだけのことである。しかし、それについては問題が残る。即ち問題の第一は、末那というのは、訳して意と称し、思量というの義がある。しかし思量という義は、識といわれる諸々の識一般に通じる名であるのに、どうして今特に第七識に限る名として、この第二能変を末那識というのであるのか、という疑問である。その理由を「恒に審に思量すること、余の識に勝れたるが故に」と説明しているのは前にも述べた通りである。

即ち「恒・審・思量」を以て余識を簡ぶというのは、恒は第六識を、審は第八識を、思量は前五識を簡んでいるのである。

この名義に対し、しかし次の疑問がある。それは第七識の末那の名は、仏果に通ずるや否やの問題である。この問題は既に『瑜伽論』時代から出ている問題で、『瑜伽論』巻六十三 (p.13,a) に「仏、出世の末那と言う」という文字があることから、ここでも問題となって出てくるのであるが、『瑜伽論』自体が、両様の答を出しているのが、そのままここでの答となっている。

第一の答は、「出世の末那」と云うけれども、それは仮に施設したもの、出世の末那は更に思量せず、任運に知る故に末那とは名づけず、末那の名は唯だ有漏のみに在るものというのが一義である。第二義は、無漏の末那は顚倒の思量を遠離し、正思量するもの故、無漏にもこの名有りと云っているのであり、『述記』では「二解是の如し」と称して、取捨を加えていない。

次にまた、こういう問題がある。梵文の『頌』に、第二能変のことを「末那と名づけられる識」と云っている。末那は翻じて意、思量を義とするわけである。とすると、この第二能変は、また意識と称せられてよいわけである。即ち『述記』四末 (p.50,a) では「又た六十三に云う、識に二種有り、一には阿頼耶識、二には転識、此れに復た七種あり、所謂る眼識乃至意識なり、即ち是は第七を名づけて意識となす」と云って、『瑜伽論』にも、第七識のことを意識と称している事実を引用して、このことに関説している。となると、周知の通り、第六識も意識、第七識も意識ということになり、両者とも同一の名称で呼ばれるが、どうしてそういう可能性がありうるのか、その意味如何という解説が必要となってくる。

そこで『論』では、第七識を意識と云うのは、恰も蔵識という名の如く、識即意の持業釈、第六識を意識と云うのは、眼識等と云うが如く、意に依る識、依主釈によるのであると云っている。持業釈というのは、識という法の作用として思量という作用、業用を任持しているから、それを識即意と称し、そういう角度から与えられた名である。だから第七識を意識と云うのは、第七識の持ち前の作用として恒・審・思量の作用あり、特に意の作用が余識に勝れているので、この識を持業釈によって意識と称したと云うのである。ところが、第六識を意識と云うのは、それとは違い、依主釈による得名だと云うのであるが、依主釈とは、依とは能依、主とは法体、他の主なる法を所依として自名を立てているもの、それで依主釈と云い、例せば眼識等と云うが如き、識が、他なる眼根等を所依としているので識の名を眼等の識と称したのと同様である。即ち第六識を意識と称したのは、識と意とは他なる関係にあるが、他なる意を所依としているので、第六識を意識と称したので、第七識を意識と称したのとは名称の成立理由が異なると云うのである。

一方は持業釈、他方は依主釈だと云うことで、名称の成り立ちはわかるが、しかし両者が、同一の名目で出てくることになると混乱が起るので、唯識の文献では、次の三の理由によって、第六識は一般に意識と云い、第七識は多くの場合、意とのみ称しているのが一般だと云うのである。

即ち三理由中の第一とは、既に述べたように、混乱を避けるため、第二には、第八を心、前六を識、それらに対して自己を標示するために第七を意と云い、心・意・識という用い方をするため。次に第三には、意には依止の義があるが、第七識は第六識のために近所依の関係にあるので、その近所依の義を顕わすために意とのみ称するのであると云うのである。近所依については、『述記』では「五十一に云う、第八有るに由るが故に末那有り、末那を依として意識転ずることを得、故に彼の第八をば遠き所依と為し、此れをば近き依と為す」と云っているが、法義的には「近所依とは相順するを以ての故に、同じく計度するが故に、六が境を縁ずる、時七が力を与うるが故に」と云い、更に「所以に、七が無漏の時、六も無漏なり、七が有漏なる時、六も無漏に非ず云々」とその関係を述べているのである。しかるに法相上、第七識が有漏の時でも、第六が無漏のことも有りうるので論議を生じ、『同学鈔』四之三にまで及んでいる。

以上を以て第一義門を終る。

② 所依門

『頌』に「依彼転」(彼に依って転ず)というのがそれである。「彼」とは、阿頼耶識のことであり、『論』ではこれもまた『瑜伽論』を根拠にして云われていると云っている。即ち第二能変は、初能変阿頼耶識を所依として転変すると云うのである。ところが抽象的にはそう云うものの、所依ということを、具体的・法義的に云うと、どういうことを意味せしめているのであろうかが問題である。そうなると、諸論師の間で意見は必ずしも一致しない。そこで『論』では、一には難陀・最勝子(護法の門人であるが)の説、第二には護法等の諸師の義としてまとめている。

第一の難陀等の義では、第七識が第八識を所依とするということは、第八識所蔵の種子より第七識が転変することで、現行の第八を所依とするというのではない。なぜなれば、第七識がもし有間断の識であるならば、現行の第八を所依としなければならないが、第七識は無間断の識故、現行の第八を所依とするには及ばぬ、即ち第七識の因縁依を以て所依の内容としているのである。

護法等諸師の説というのは、第八の種子と現行とを共に所依とする。即ち因縁依を以て所依の内容たらしめるのは前義に同ずるのであるが、第二義では、更に第八の現行、増上縁依を以てこれに充てているのである。前義では無間断の故にこれを採らないけれども、護法がこれを採る理由は、成る程、第七は無間断の識ではあるが、見道以上にはときどき無漏と転ずることがある。即ち転易の故を以て、前義の如く任運に転変するとばかり考えて、因縁依だけでよいとも云われぬ。即ち現行の第八識をかりて倶有依としなければならないというのが正義とされている。以上が「依〻彼」の意味である。

次には「依〻彼転」の転の義についてである。転とは流転、流転とは相続の義である。第七識が恒に第八の種と現を依とし、所縁を取って相続していくという意味だと云うのである。

『論』ではここ巻四（p. 13, a）に、所依という問題が出て来たので、『頌』とは離れて、広く巻四（p. 26, a）に至る間、この所依という問題を論議し、論じ終ってから次の第三所縁門に入っているのである。

③所縁門

『頌』に「依〻彼転縁〻彼」とある中の「縁〻彼」（彼を縁ず）とあるのが所縁門である。「彼」とは、前にこの第七識が所依としたもの、即ち第八識のことである。末那識は自の所依を以て所縁とすると云う。末那識が第八識を所縁とすることについて、『論』では『瑜伽論』の巻六十三を証拠の文として出しているが、『述記』には更に『顕揚論』巻一、『対法論』巻二等をも指示している。ところが、この「彼を縁ず」という頌文をどう理解すべきかについて、論師がたの義をまとめてみると、四師の説にまとめることが出来るのである。即ち、難陀と火弁と安慧と、而して護法とである。

先ず難陀の義というのは、第七識は第八の識体と、第八相応の五遍行の心所とを所縁とすると云うのである。難陀は二分唯識であるから、第七が第八の識体を縁ずると云うことになると、第八の見分を縁ずると云うことにならざるを得ないであろう。第八の見分を縁ずるのは聖教の通りであるとしても、何故に、更に第八相応の五遍行をも縁ずるのかということが問題になるが、それについて難陀は、先の『瑜伽論』巻六十三等に、末那は「我・我所と相応する」とあるから、第八識を以て我と執し、その助伴たる五遍行の心所を我所と執すると分別し、そして、しかし『瑜伽論』等には、単に蔵識を縁ずと云って、心所を縁ずと云っていないではないかという難に対しては、唯識という言葉の中には、心所をも意味せしめて発言している如く、心所は心に離れないものであるから、特に心所を別出していないでも、教に違するという過失はないと通じているのである。

次に第二、火弁等の説である。火弁によると、彼は、もし難陀の如く第七識が五遍行を縁ずるのであれば、広範な聖教中のどこかに、そう云われていてもよさそうなものであるのに、処として触等を縁ずると言われている所がない。我・我所を縁ずと云われたのは、第七識が第八識の見分と相分とを、次での如く、我及び我所と執することに違いない。何となれば、相・見は、共に識を体となすからだと云うのである。

時に、ここにこういう問題を議していると、火弁は二分家なるや三分家なるやの問題に、当然、興味が持たれてくるが、その点、『同学鈔』四之六（p.3,b）に議せられており、『演秘』と『義灯』との間の論は必ずしも一致しないが、『同学鈔』は、むしろ『義灯』の三分家説を論成している。

次に第三、安慧の義である。安慧のところでは、先ず前義の失をあげ、然る後に自義を述べている。前義に四失有り。一には、違教の失である。前義の如く相分を縁ずるとなると、周知の如く、第八の相分は種・根・器の三界である。となると、第七識は識蘊に非ざる五色根と器界とを縁ずることになり、第七は蔵識を縁ず、即ち識蘊を縁ずといった聖教に背く違教の失を招くことになる。第二には、第七が五識と同じく外塵を縁ずるの失である。即ち、第七識は内を縁じて我執を起すというのが定まりである。然るにもし、第七識が第八の相分を縁ずるなどと云えば、第七は前五識と同様に、外の五塵の境を縁ずべしという失を犯すことになる。第三には、第七は第六の如く共境を縁ずるという失である。第六意識は五識に同じく共境として五塵を縁ずる。もし第七が第八の相分を縁ずるとなると、第七は第六の如く共境を縁ずる失に陥ることになる。第四失とは、無色界に生じた者は、我所を執せざるの失である。何となれば、無色界には色法がないから、我所の執なしと云わざるを得ないと云うのである。かくて安慧の自義としては、蔵識の現行を縁じて我とし、種子を縁じて我所とすと云うのである。その理由は、種子は現行識の功能にして実有の物ではない、かく云うことによって、「縁彼」の頌の意を、末那識が蔵識を縁じて我・我所と執すると称した『瑜伽論』の文に同ずると解釈した、その解釈に相違を来さないことになると云うのである。

次に第四には、護法の義である。他師の場合もそうであったように、この場合も、自義を述べるに先立って、前の他師を破し、而して後に、自義を述べている。先ず安慧の義を破して云うには、安慧は種子を我所と執ずると云うけれども、安慧が火弁の相分を我所とする説を破した場合、「五の色根と境とは識蘊に非ざるが故に」と云い、第七は識蘊を縁ずべきものとして火弁を破しているが、ここでもそれと同様に、種子の中、色等の種子は識蘊ではない、安慧は「種は彼の識の功能なり、実有の物に非ず」と称して、種子全体を識に収めようとしているが、『瑜伽論』巻五十二には「種子は是れ実有」と説いているし、もしまた種子を実有でなく仮法とするならば、「仮ならば無の如く因縁に非ざるべし」と説かれているように、因縁の道理が破壊されてしまうと云って、安慧の義を破しているのである。安慧を破した護法は、次に前の三師全体に対して、道理によって『瑜伽論』の解釈について三師とは別の解釈の仕方を示して、自義を立てているのである。護法の道理というのは、第七末那相応の我見は任運に一類、恒相続のものである。となると、一心の中に断と常との二の境があり、それを別々に執して同時に倶転することが出来ないのと同じ道理で、第七相応の我見に、我と我所有り同時に別執倶転することが、理としてあろう筈がない。或はもし異時にして我と我所と別々に執ずると云うならば、それでは、第七が無始以来、一味相続という義がくずれ落ちてしまうことになる。

こう考えてくると、『瑜伽論』に我・我所と云われているからといって、文字通りに我と我所とを別執する義と取り、その言葉から出発するのでなく、『瑜伽』『顕揚』等、多くの場所で我所を云わずに我見をのみあげているのであるから、否むしろこの方が多いのであるから、また道理としては、それより考え様がないのであるから、その道理を根拠として『瑜伽論』の「我・我所」の文を扱う態度からことを始めようというのが、前三師と護法との立場の相違である。ここには護法の名のみをあげたが、前三師の説に難陀等、乃至は安慧等と云って等の字を付し、学説としては三類になるけれども、人師としては多数の人が加わっているように、護法の場合も、そのことについては同様だということがわかる。

即ちこの問題は、もともと『瑜伽論』から発していることであるが、慈恩の『瑜伽略纂』巻十六(大正蔵四三・p. 224, b)によるに、恐らく玄奘の所伝、或は護月の釈論にあった説であろうと思うが、「護月師義は、但だ縁じて我と為す」と伝えているのであり、これを以て正法蔵の義とし、而して文章の続き具合より云うと、その護月の義を解釈する方法として、他の論師も意見はあるであろうが、護法の義としては「即ち我が家の我と為すは護法の義なり」と結んでいるのである。

さて、それはそれとしておいて、道理を先に立て、而して「我・我所」の文をどう解釈するかについて、『論』巻四(p. 28, b)では、二つの理解の仕方を示している。一には、実には我のみをあぐべきであったのであるが、語勢に乗じて「我・我所」と云い、余計ものの我所という言葉を付加したので、我所の言を全く無視してしまう考え方である。これに対して第二の考え方は、我・我所の言葉を認めながら、解釈の仕方で、それが我のみを執するという内容になるという解釈をする。ではどうすれば第二のように出来るかと云うに、それについて『述記』五本(p. 28, b)に四釈を設けている。この四釈中の第一釈が、先にあげた『略纂』に於ける護法の義に当るのであるが、相像出来ることは、語勢に乗じたという第一のは、護月・護法等に、共通的になされたもの、第二のに至って、結論は同じであるが、第一解は『略纂』に云っている護法の義と同文の義、而して他は、この一群の論師達の義を挙げたのでないだろうかと想像せられるのである。

さてその四義を一々ここで述べるのはやめるとして、四義中の第一義、それが『論』では「彼れは是れ我が我ぞと執する云々」と云い、『略纂』では「我が家の我と為すは護法の義なり」と称し、同一義であるに違いないと考えられる文章となっているのであるが、その意味如何については、ここに紹介しておく必要がある。

即ち『論』も『纂』も、初めの我は、第六意識が五蘊を縁じて我と執するその我である。後の我は、第八識を縁じて第七識が我と計しているその我である。即ち五蘊の仮者たる我が、第七識所執の我を、それをこそ「我が我なり」「我が家の我なり」とする構造、それを「我・我所」という言葉で表現しただけのことで、道理上許すことの出来ぬ我と我所との倶転を意味せしめての表現ではないと護法等は主張し、かく解することによって、教と理とに順ずることが出来ると云うのである。

かくて護法の義を『論』では、「応に知るべし此の意（末那）は、但だ蔵識の見分のみを縁ず、余には非ず。彼れは無始よりこの方、一類に相続して常一に似るが故に、恒に諸法のために所依たるが故に」と云っている。即ち我は常・一・主宰の義であるが、見分の余なるもの、例えば色等の法は皆間断するし、種子の如きも、無漏道に於て、或は損伏せられ、或は永断せられる。見分の一類相続して常一に似るもの、或は諸法の所依となって主宰に似るもの、それを執して常・一・主宰の我となすというのが最も適切である。或は心所の如きについても我を考えたとき、それが不適格者というのは明らかである。何とならば、我には自在の義、万物の主となり、一切法の所依たるの義がある。心所は既に不自在のもの、即ち不適格である。故に我となすには、所依となり、自在の義のある心王となすは当然だと云うのである。頌文には触れていないが、『論』には次に、末那識が蔵識のみを縁ずるというのは勿論、未転依の場合のみ、初地以上の場合、及びその他のことについても述べているが、今は省略する。

④　出体釈義門

『頌』に「思量為二性（相）一」（思量を性と〔も相とも〕為す）と云うのがそれである。この頌文は、出体釈義と云われる通り、第二能変に体性有りと示し、それを末那と云うが、翻じて思量と云うと、体を出し、義を釈したのである。しかし思量の義は、体によって知らされるのではない。体は知り難く、その行相によって思量の相が知らされる。それ故にこの『頌』に「(思量為性)相」と相の字が付加されてくるのである。梵に manana-ātmaka と云う、普通は思量（manana）を性とす(ātmaka)と云っているわけであるが、ここでの ātmaka には、そういう「性質がある」という程度の軽い意味とするよりも、裏も表も、体も相も思量によって成り立っている、しかもその思量は相によってわからされるので、玄奘の配慮、「思量為性・相」と訳したものと思う。

⑤　行相門

『頌』に「思量為（性）相」（思量を〔性とも〕相とも為す）とあるが、それを以て行相門とするのである。ではその行相如何と云うに、未転依の位では、恒に審に所執の我相を思量し、巳転依の位には、亦た審に無我の相を思量すると云うのである。末那の名が無漏に通ずるや否やについては、『瑜伽』の六十三に二説あり、後説は無漏に通ずると云うが、『論』はその説に依っているのである。

⑥ 染倶門

『頌』に「四煩悩常倶、謂我痴・我見・並我慢・我愛」(四の煩悩と常に倶なり、謂く我痴と我見と、並びに我慢と我愛となり)というのがそれである。染倶の染は四煩悩のこと、倶とは、第七末那識は、無始以来末転依の間、この四煩悩と相応するから倶と云い、染倶門と云ったのである。後に明らかになるように、第七識は、護法の義で云えば、十八の心所と相応すると云う、しかるにこの門に於て、特に四煩悩を取り出して染倶門という形で、他の心所と区別しているのは何故であろうかが問題になる。それに答えることが、また、この部分を染倶門とした意味への、回答ともなることになる。

第七識は雑染依と称せられ、諸八識を雑染たらしめるものである。諸法をして有漏ならしめる根本が、この第七識であるが、その第七識をして、諸法雑染の根本ならしめるものがこの四煩悩である。そういう意味で、特に四煩悩を取り出した理由があり、ここの所が、染倶門と云われることについての基本的な意味であるわけである。

四煩悩について、『頌』には「謂我痴・我見・並我慢・我愛」と云っているが、四煩悩各々の意味と、或は四煩悩の並べ方の順序について何か意味があるのかどうか、或は他の煩悩等が倶起しない理由如何等ということが問題になる。

先ず最初についてである。我痴とは無明のこと、我の相に愚かにして無我の理に迷えるもの。我見とは我執のこと、先の我痴、無我の理に迷えることが先行する故に、我に非ざる法に対し、妄計して我となすもの、それが我見である。我見によって既に我を立てるとなると、その我をたのんで人にほこることになるのが我慢であり、その我を深く耽著し、その我に引かれるのが我愛である。以上、四煩悩の意味を解説する中に、自からそう順序立てられた理由もわかるわけであるが、この所、梵本では、我痴と我見との順序が逆になっていて、我見、我痴となっている。その理由如何ということになるが、これは恐らく、ここでの問題は、末那識相応の我見が何を執して我とするやの問題から出発している。だから主題たる我見を先におき、その我見を起す理由として、我痴を次に配したものと思われる。この四煩悩のいずれにも我の字を加えているが、我の字を加えることによって、この四煩悩が、他の識に相応するものと異なり、いずれもが、第八識に向って自の内我と執することのためには、相応具足するものであることを示しているためであろう。

次に四の煩悩の相応倶起はこれを説き、他の煩悩は何故にこれを説かないのかの理由についてである。即ち、十種根本煩悩の廃立についての問題である。十種とは、貪・瞋・痴・慢・疑・悪見の六根本煩悩の悪見を五見、即ち我見・辺見・邪見・見取見・戒禁取見の五に開いて、計十煩悩としたもの、それを十種と称し、十種のうち六を廃し、四を立てている事情についての解説、それを十種廃立の問題と云ったのである。それを『論』巻四（p.30,a）の説明に従って解説しようと思う。

『論』では、先ず五見の中、我見のみを立てて他を云わないことから、その理由付けをしている。そして、我見を立てると、余の四見は必然的に生ずることなしと云って、その理由を「一心の中には二慧有ることなきが故に」と云っている。何故に二慧と云うかというに、五見と云うが、五見の体は慧の心所である。慧の心所が悪しくはたらいたものを悪見と云い、それを五と開いたのである。ところが心がはたらくその時、同時に二慧がはたらくこと、即ち五見の一がはたらく時、同時に他の五見のどれかが、それと倶にはたらくことが許されないのが唯識学説の決まりである。だから、五見が起るとすれば、刹那を変えて起りうるので、同時に二つが起ることはあり得ない、そこを「一心の中に二慧有ることなし」と云ったのである。

五見の中、我見を立てて他を廃した説明はそれでよいわけであるが、しかしそれでは、五見の中の他の見を立ててもよいであろうに、何故に我見のみを立てて他を立てないのかという理由が、得心出来ない者もあるので、『論』では更に、他の見を廃する理由を述べている。即ち初めに二取、即ち戒禁取見と見取見、そして邪見、この三見は『論』の別の処に「疑後三見唯分別起」と称しているその三見で、唯分別起のものである。従って唯見所断である。ところが第七末那識と倶なる煩悩は、任運倶生起のもの、従って修所断のものであることも、この学派の決まりである。となると、この三見が、末那相応からはずされねばならなくなるのは当然である。

次に我所見と辺見とについてである。我所見と辺見とは、倶生にも通ずるけれども、これは先ず我見によって我が立てられ、その上で起る煩悩である。然るに第七末那は、刹那刹那に我見が起ってしばらくも間断なき故に、我所見と辺見との起る間隙がないことになり、従って起り得ないことになり、第七末那相応は、五見の中では唯だ我見のみにして他にはその可能性がないことになる。

では次に、何故に根本煩悩中の疑や瞋と相応しないかということになるが、既に我見により、第七は第八を我なりと審決している。疑は不決定の心である。だから疑が起らないのは当然である。

では次に瞋は如何となるが、既に我慢・我愛の心を以て我に耽著溺愛しているのである。その我に対し、瞋恚の心が起りうる筈がないと云い、そして見と慢と愛とは、その行相違することがないので倶起するに何の失かあらんと云い、そしてそれらの諸煩悩の底辺には、無我の理に暗き無明、即ち我痴の煩悩があるので、それらを挙げて「四煩悩常倶云々」と頌したと云われている。

⑦ 触等相応門

『頌』に「及余・触等倶」(及び余と触等と倶なり)というのがそれである。前頌で四煩悩の相応を説いたが、その他にも触等の相応法のあることを明らかにしたのが、この頌の意味である。ここに触等というのは、触・作意・受・想・思の五遍行の心所を意味せしめて等と称していることは云う迄もない。遍行ということが、如何なる心にも、遍ねく相応倶起するということである以上、ここに五遍行の心所があげられるのは当然である。ところが『頌』の「及余」の字をどう理解すべきかというに至って、前後の二義に別れ、前義がまた二師と分れ、後義がまた四説と分れている。

先ず前義、第一師の説では、「及余」の余の字を、四煩悩の余なる五遍行のこと、即ち第七相応の心所は、四煩悩だけでなく、四煩悩の余他の五遍行とも相応するというのが、前義中の第一師の説である。

次に前義中の第二師の説は、これは安慧の説だということが、彼の『釈論』でわかるが、余というのは、前の第八識の下の無覆無記に対し、今第七識と相応する五遍行は、無覆無記の余他なる有覆の触等なりという意味で、余の字を使用していると云うのである。『頌』に「余の触等と倶なり」と訓じているのは、両師を含めた前義についての読み方としている。いずれにしても、前義に於ては、第七相応の心所は、四煩悩と五遍行と、九の心所とすることについては一致の見解である。次に『論』では、この前義の両師が、何故に九の心所の余他の心所、即ち別境、善、随煩悩、不定等が相応しないかの質問に対して回答をしているが、ここでは省略する。志有る者は『論』巻四（p. 30, b〜p. 31, b）を見るべしである。

次は後義についてである。後義は四師の説に分れるけれども、共通する所は、根本煩悩があれば必ず随煩悩がある筈である。四師の別によって、付随する随煩悩には違いがあるかも知れないが、四煩悩、五遍行の余に、随煩悩等が相応しなければならないと主張することで一致している。そういう意味で、前義の第一師の説には、随煩悩を欠く失ありとして対抗しているし、そして前義の第二師の説、即ち余の字を解して、それは第八の無覆の余の有覆の触等なることを現わして「余」と称したという第二師の説に対しては、重言の失ありとしてこれを排している。なぜなれば、『頌』のすぐ次に（梵本ではすぐ先に）「有覆無記に摂む」とわざわざ言っているのである。となると、そのことを、ここで「余」の字で顕わす必要もない。それをわざわざ顕わしていると云えば、重言の失となると云うのである。前義に対してこうした批評をした後、後義四師の説が述べられているのである。

後義の四師は、いずれもその理由を述べ、証文を挙げているのであるが、その議論の進め方の大綱を紹介すると、先ず後義第一師の云い方である。彼は先の余の字を以て随煩悩等を意味せしめているものとし、『集論』を文証として、五遍染の義というのを立てているのである。五とは惛沈と掉挙と不信と懈怠と放逸のことで、あらゆる染心には必ずこの五の随煩悩が遍ねく倶起しているという義で、上述の如く『集論』を文証とし、而して次に三ケの理証をあげているが、その第一は、この無堪任性、即ち善事に於て堪任なきの性というので、惛沈のことを無堪任性というが、この無堪任性等の五を離れて染汚の性は成立しないということ。第二は、煩悩の起る時、その心は必ず染汚であるが、それはこの五に依るから染汚たりうるのであるということ。第三は、煩悩の起ることは、必ずこの惛沈等の五に依って起るという、こうした三の理由を立てて自説を主張しているのであって、以上の三故を以て理証としているのである。

しかし、この五遍染心の義に対して『瑜伽論』巻五十五等より出てくる違文、或は次の六遍染心や十遍染心の義も、また『瑜伽論』を文証として語られる。そうした文証が違文となるので、それらに対応してこれを会通し、結論としては、第七末那識と相応する心所として、前の四惑と、触等の五遍行と、今の五の随煩悩と、而して別境の慧を別出し、十五の心所としているのである。しかし誰にでも気付くことは、四煩悩中の我見は、体は是れ慧であるから、また先に我見の所で、一心中に二慧起らずと云ったのであるから、これを別出するのについて疑問が起るわけであるが、それを充分承知しながら、しかし心所を五十一と数えている所では、これを別出しているから、それに従ったということであり、而して最後に「何に縁ってか此の意に余の心所無しと云う」と称して、十五の心所以外の余他の心所が、この末那識に相応しない理由を説明して、この師の立義を終結せしめているのである。

次には第二師の説であるが、この師は、『瑜伽論』巻五十五を文証として六遍染、即ち不信と懈怠と放逸と忘念と散乱と悪慧とを以て一切の染心に遍ずと云うのである。前の五遍染の義に比較すると、惛沈と掉挙との二を除き、忘念と散乱と悪慧との三を加えているのである。その忘念とは失念のこと、悪慧とは不正知の謂であるが、三を加えた理由として、先ず忘念と悪慧とについては、曾って受けた境界の種類を縁じ、それを失念し、従って正しく理解すること能わず、そのために心が境に対して、ほしいままに馳流縦蕩する。この忘念と悪慧と散乱がある故に、貪等の諸々の煩悩が起るのであるから、五遍染の義の如く、この三を除くことは出来ないとし、而して五遍染の義から除いた惛沈と掉挙に関しては、両者は行相が互いに相違するから、遍染のものとするわけにはいかないと云い、而して前師と同様に、五遍染の義、十遍染の義の根拠となった文証が違文となるので、それを会通し、而して最後に、「此の意と倶なる心所は十九、謂く、前の九法と六の随煩悩と、併びに念と定と慧と及び惛沈とを加う」と云って、それを加えた理由と、而して掉挙を加えない理由を説明し、また欲・勝解等の「余の心所の無きことは前に説くが如し」と云って第二師の義を終結せしめている。

次に第三師は、『瑜伽論』巻五十八を文証とし、十遍染心の義を主張する。十とは、放逸と掉挙と惛沈と不信と懈怠と邪欲と邪勝解と邪念と散乱と不正知の十である。而して前師と同様、八随煩悩については既に述べた所であるのでこれを云わず、新たに加えた邪欲と邪勝解については、その加うべき理由を述べて理を証し、違文についてはこれを会通し、而してこの第七識相応の心所として「二十四有り、謂く、前の九法と十の随煩悩と別境の五を加うるぞ」とし、余の心所の相応せざるについては、「上の如く応に知んぬべし」と終結せしめている。

次には第四師の義で、これが護法の義だと伝えられている。護法は総じて前三師の義を評して「前説は皆未だ理を尽さず」と破し、而して自己の八遍染心に合わないものを破釈していく方法を取って自義を建立している。前師を破するについては、第三師より漸次に第一師に及んでいる。詳しくは『述記』五本（p. 62, b）以下を見ればよいが、今は『論』の大体を述べておこう。

八遍染心師からすれば、第三師が、邪欲と邪勝解とを遍染の心とするのが承服出来ない。第三師によると、もし邪欲と邪勝解が無い場合は、諸々の煩悩を起すことが出来ない、何とならば、所受の境があり、気に入るものに対してはそれと合せんと願い、気に入らぬ場合にはそれより離れんと欲する邪欲、それをそうだと決定する邪勝解、その下地があるので、貪等の諸々の煩悩を起すことになると第三師は云う。

そうは云うものの第三師にも、反省してみると一言ことわっておかなければならぬことがあるのである。第三師から云うと、自己の主張の不充分の部分を釈明しておかねばならぬと感じたのである。それは、疑煩悩と、すべての煩悩心に遍ねく行きわたるとされている遍染の随煩悩との関係である。一般的に云えば、疑は不決定の心、邪勝解は、それが邪であるにしても、邪しまに決定するものである。だとすると、決定の心と、不決定の疑煩悩とが倶起するということは、在り得ないことを主張していると云うことになる。こうした不安が、邪欲、邪勝解を遍染の心とする主張に残るわけである。そこでこの師では、疑に、理を疑う疑と、事を疑う疑との二ありとし、理を疑う疑、例えば四諦の理については疑っていても、事としての現実の苦諦、その事の苦については疑っていない。そういう意味から云えば、疑と相応してまた勝解あり、ということが云えるであろうし、従って邪欲、邪勝解を加えて、十遍染心と云い得ると主張するのである。

第四師はそこを狙って破釈を加え、「且く他世は、もしは有りや、もしは無しやと疑う、かしこに於て何の欲と勝解の相有らん」と云うのである。即ち他世の存在の有無を疑う、それは第三師の云うが如き理を疑い、しかも事に猶予なしと云うが如きものでなく、事も理も疑われているものである。となると、第三師が疑を理事に分って、理には疑有るも事には無しといったことが成立し得なくなり、当然の結果として、不決定の疑と邪欲、邪勝解とは相応すると云い得るわけのものでなく、かくして第四師は、第三師の邪欲と邪勝解を拒否するわけである。

次に第二師が、惛沈と掉挙とを除くのに対して、第四師の言い分はこうである。第二師は、「惛沈と掉挙とは行相互に違す」という理由で、遍染の心から除いているが、そういうものではない。『対法論』等に惛沈のことを無堪任性と云っている通り、惛沈、無堪任性とは、善を修するに堪任性のないことである。もし惛沈、無堪任性が無いとなると、善を修するに堪任性あり、善を修するということになる。また掉挙は、わが心をかき立て浮き立てるもの、それを囂動と云っているが、もし掉挙なく囂動なければ、善、無記性の如くであって、染汚位と云い得ないと云って第二師の義を破し、この二をわがものとしているのである。

而して第一師に対しては、第一師の説は、護法の説から云うと、散乱と失念と不正知とを欠いているわけであるから、第三、第二師に対したと同様の論法で、それらの欠くべからざるを述べてそれを破しているのである。遍染の随煩悩、それを大随惑と云うが、その性格についての説明は『論』巻六(p.27,a)以下に詳しいから、そこを見ればよい。かくて第四師護法は、結局、惛沈と掉挙と不信と懈怠と放逸と忘念と散乱と不正知との八随煩悩を以て遍染心の法とし、その結果、第七末那識と倶なる心所として十八、即ち前の四惑五遍行の九法と、八の随煩悩と、併びに別境の慧とを立て、その余の心所の倶起せざる理由、『対法』『瑜伽』等の違文については前三師が為した通釈、それを採用して、「前に准じて釈すべし」と称し、「是の説を作すときに理と教とに違せず」と結んでいるのである。

ただ不審に感ぜられるかも知れないことは、他師が『瑜伽』等の文証を押し立ててその説を為しているのに、護法にはそれがないということである。この点に関しては『同学鈔』四之六（p. 20, b）に、題を設けて論じている。即ち一々証文を出す三師の義は、いずれも別義の一門を述べたのみ、だから証文はあるが、しかし相互に他が違文となり、相互に会通し合わねばならない破目に陥る。こうした形となっているのは、そのこと自身が、それは別義門だからだということの証左である。だから護法は、そうした別義門を説いた文に拠ることなく、堂々と、理を先として諸教の意を得たのである。だから、八遍染心の護法の義こそが、実に実義門を発揮したものだと云わんとしているのである。これが、この宗の考え方である。

⑧　三性分別門

『頌』に「有覆無記摂」（有覆無記に摂めらる）とあるのがそれである。『論』では、この『頌』の文意を解説するに当って、冒頭に「末那・心所何性所〻摂」と云い、そして次に「有覆無記に摂める、余には非ず」と云っている。そこで『述記』では二義を出し、初義では、第七の心王と心所とを含めての有覆無記であるとし、後義では、ただ心所のみの有覆無記だと取意している。論文全体のかかり具合から云うと、さし当っては、心所の規定として有覆無記と称しているのであるが、煩悩たるものが不善に摂せられないで、有覆無記とせられる理由を、『論』では「所依細なるが故に、任運転なるが故に」と称し、所依の第七識が有覆無記であるから、能依の煩悩も有覆無記となると云っているのであるから、文章のかかわり具合だけに目をくれず、文章の含む意味を汲みとって、『述記』の前義に従い、第七識の三性を分別する門とし、同時に心所もそうであるとしているのである。そこで、有覆無記とはどういうことか、また、どうしてこれが有覆無記となるのであるのかということを明確にしておかねばならない。

『論』では、第七識相応の四煩悩が、染法であるので、聖道を障碍することになる。また第七識自心は、本来染汚ではないが、煩悩に隠弊せられる。それで有覆と云い、また善・不善でないから、無記と云う、というのが有覆無記の義である。では煩悩と云えば、一般に不善と云うべきであるであろうに、何故に有覆無記と云われるのであろうか。それをここの『論』では、「所依細なるが故に、任運にして転ずるが故に」と云い、『論』巻六 (p.19,b) の場合には「細にして善を障げず」と云い、『述記』五本 (p.72,a) では、更に「三性に遍ずるが故に」というのを加えている。即ち四煩悩と相応すると云えば、心王も心所も、不善と云われそうなものであるが、所依の第七識が微細の識で、しかも任運にして転じていて、自他を損害するような強いはたらきのないこと、強いはたらきが無い証拠に、もし不善法であるならば、善法と違逆するが故に、相互に拒否反応を起すけれども、例えば第六が善であっても、第七は本来の染法のままで、所依となり得ている。それは逆に、不善、無記の場合に於ても同様で、三性に遍じていることになるが、こういう理由で、第七識と、及び所依の四煩悩とは、有覆無記たるのであると云うのである。しかし以上は、未転依の位についての論で、『論』には「若し已転依ならば唯だ是れ善性なり」とことわっている。

⑨ 界繋分別門

『頌』に「随二所生一所レ繋」（所生に随って繋せらる）というのがそれである。その意は、第八識が欲界に生れたとき、第八を縁ずる第七や、それと相応する心所は欲界繋、乃至、有頂地に生じた第八識を縁ずる場合には、第七の心王・心所もみな有頂地繋のもの、いずれにしても、自地の第八を縁ずるので、他地の第八を縁ずることにはならぬという義である。ところで、どうしてかような規定をしなければならないのか、その理由如何を明らかにしておかねば理解しにくい問題である。これは前六識を簡んでの規定で、前六識に対して、第七識の性格を解明していることになるのである。先ず第六識について云うならば、第六識は、依身は欲界に生れているのに、煩悩を剋伏して、初禅より非想非非想地迄の心を起すことが出来る。その時、初定の心なれば初静慮の界繋、乃至、非想地なれば非想地の所繋となる関係にある。また前五識について云うならば、前五識の天眼、天耳は、初定にある故、道果の上では他界他地の定も起ることがあることになる。それらを簡んで第七識の特性を現わし、『頌』の如く云わねばならないことになるのである。総括的に云えばそうであるが、しかし「所生に随って繋せらる」という言葉を解釈するとなると、前後の二義に分れるのである。

初義によると、第七識が第八識と同界繫の関係にあることを繫属の義とし、第八を所属、第七を能属との関係にあると解するのであり、後義によると、繫を繫縛の義とし、第八に異なり、第七には四煩悩が相応するが、その煩悩に、三界九地の箇別がある故、所生に随い、その地の煩悩のために繫縛せられるという義と理解するのである。

『論』には、最後に例の如く、以上は末転依の位のこと「若し已転依ならば即ち所繫に非ず」と結んで畢っている。

⑩ 隠顕分別門

『頌』に「阿羅漢・滅定・出世道無有」（阿羅漢と滅定と出世道とには有ること無し）と云うのがそれである。一般に三位に末那無しと云われているのが、このことで、『述記』に、「十に隠顕分別す、即ち是れ伏断の位次を云う」と云っている通り、三位に末那無しと云っても、位の相違によって伏と断との相違があり、伏断は倶に隠であるが、伏の方は、後にまたこの染汚が現行する、即ち顕となるので隠顕分別門と云っているのである。その間の事情を明らかにしようとしているのが、この一段の趣旨である。

しかし『述記』では、『頌』と『雑集論』とは合致するが、『瑜伽論』巻六十三では、三位のかわりに無学と有学との二位を挙げて、この説と相違の表現となっているので、その相違を会するため三義を設けることから始めているが、ここでは省略する。『述記』往見。

さて『頌』に「阿羅漢と滅道と出世道とには有ること無し」と称しているが、その「無有」（有ること無し）ということは、次の如く三位の相違によって「永に断ずる」と「暫く断ずる」との違いがあるけれども、それを合して「有ること無し」と云っているのである。その「有ること無し」と云うのに於て、先ず阿羅漢の場合であるが、阿羅漢とは三乗の無学果の位を顕わしているのである。この位では、第七の染汚の種子と現行とを、倶に永に断滅するのであり、滅定と出世道とは、倶に有学位の間の滅定と出世道とで、倶に暫く染汚の現行を伏滅することを云うので、種子までも断滅すると云うのではない。

ではどうして三位に末那無しと云いうるのであろうか。第七識、即ち染汚の意は、無始時来、微細にして一類に任運にて相続しているもの、それを伏し滅するためのものは、染汚と正反対の無漏の聖道のみである。我執に違える聖道、それは先ず真無我の解たる根本無分別智、次に後得無漏智の現在前する時、共に我執に違して無我に住しているので、我執は自ら伏せられている。これを出世道と云うのである。

次に滅尽定に於て、何故に第七識が我執を滅しているかと云うと、『論』では「聖道の等流にして極めて寂静なるが故に」と述べている。その意は、滅尽定は、この定に入定する前の無漏の加行心によって得するもの、即ち無漏聖道の等流にして、しかも無想定を简ばんとして極寂静と称しているのであって、我執に違し、無我の状態である。しかし聖道にしても滅定にしても、それがそのままの状態で在るのでなく、そこより出たとき、再び染汚が起るのであるから、この二の「有ること無し」は、伏滅暫断ということになる。また染汚意の煩悩は周知の如く倶生起である。倶生起の煩悩は、金剛喩定現在前の時、一時に頓断せられるということもまた周知のことである。この時の頓断によって、種子までも永断し、ここに阿羅漢を成ずるのである。これが、同じく「有ること無し」と云いながら、阿羅漢の永断と出世道と滅定との「有ること無し」の相違である。

次にこの三位に末那無しと云うのについて、『論』巻五 (p. 4, a) 以下に於て、安慧と護法との間に、理解の相違があることが出されている。安慧によれば、第七識は、唯煩悩障とのみ倶なりと立てて、法執相応とか、無漏の第七ということは言わない。故に三位に末那無しとは、三位には第七識のすべてが全く無しということであるとして、『対法論』等他二論をあげて主張しているのに対し、護法では、末那無しとは、染汚の末那無しという意味で、第七識の体までも無いと云うのではないと主張し、安慧の主張に対しては、第一には「経に出世の末那」を説いているとして違教の失をあげ、以下教理両証、違教の失をも含めて十証をあげ、最後に総括して、「是の如に定んで無染汚の意有り、上の三位に於て恒に起って現前す、彼こに無しと言うは染の意に依って説けり、四の位に阿頼耶無しと説けども、第八無しと云うに非ざるが如し」と云っている。勿論、護法の義を以て正義とすることは云う迄もない。詳しくは『論』を往見せよ。

第四　広説第三能変段

一、本文

次第三能變、　差別有二六種一、
了レ境爲二性・相一、　善・不善・倶非、
此心所、遍行・　別境・善・煩惱・
隨煩惱・不定、　皆三受相應、
初遍行、觸等、　次別境、謂欲・
勝解・念・定・慧、　所縁事不同、
善、謂信・慚・愧・　無貪等三根・
勤・安・不放逸・　行捨及不害、
煩惱、謂貪・瞋・　癡・慢・疑・惡見、
隨煩惱、謂忿・　恨・覆・惱・嫉・慳・
誑・諂・與二害・憍一、　無慚・及無愧、

掉擧・與二惛沈一・不信・幷懈怠・
放逸・及失念・散亂・不正知、
不定、謂悔・眠・尋・伺二各二、
依二止根本識一、五識隨レ緣現、
或俱、或不レ俱、如二濤波依一レ水、
意識常現起、除下生二無想天一・
及無心二定・睡眠・與中悶絕上、

二、訓読

次の第三の能変は、差別なること六種有り、
境を了するを以て性とも相とも為す、善と不善と俱非となり、
此の心所は、遍行と、別境と善と煩悩と、
随煩悩と不定となり、皆な三の受と相応す、
初の遍行と云うは触等なり、次の別境と云うは、謂く欲と、
勝解と念と定と慧となり、所縁の事不同なるを以てなり、
善と云うは、謂く信と慚と愧と、無貪等の三根と、
勤と安と不放逸と、行捨と及び不害となり、
煩悩と云うは、謂く貪と瞋と、痴と慢と疑と悪見となり、

随煩悩と云うは、謂く忿と、　恨と覆と悩と嫉と慳と、
誑と諂と害と憍と、　無慚と及び無愧と、
掉挙と惛沈と、　不信と幷びに懈怠と
放逸と及び失念と、　散乱と不正知となり、
不定と云うは、謂く悔と眠と、　尋と伺との二に各々二つあり、
根本識に依止す、　五識は縁に随って現じ、
或るときには倶なり、或るときには倶ならず、　濤波の水に依るが如し、
意識は常に現起す、　無想天に生れたると、
及び無心の二定と、　睡眠と悶絶とをば除く、

三、解説

第一頌の終りに「此能変唯三」（此の能変は唯だし三のみなり）とあるその「唯三」の中、第一は既にすみ、第二もまた上来に於て述べ終ったので、以下「唯三」の中の第三の能変について述べようとしているので、この段の最初に「次第三能変」（次の第三の能変は）と云っているのである。

この「第三の能変」については、九義門に分って解説しているのであるが、その九義門と頌文との関連を示すと、次の通りである。

一、出二能変差別一門——次第三能変、差別有二六種一、

二、自性門——了レ境為ニ性・

三、行相門——相一、

四、三性門——善・不善・倶非、

五、心所相応門——此心所、遍行・別境・善・煩悩・随煩悩・不定、

六、受倶門——皆三受相応、

以下の五頌は、前の相応の法体を細説す。

遍　行——初遍行、触等、

別　境——次別境、謂欲・勝解・念・定・慧、所縁事不同、

善——善、謂信・慚・愧・無貪等三根・勤・安・不放逸・行捨・及不害、

煩　悩——煩悩、謂貪・瞋・痴・慢・疑・悪見、

随煩悩——随煩悩、謂忿・恨・覆・悩・嫉・慳・
誑・諂・与ニ害・憍一、無慚・及無愧、掉挙・与ニ惛沈一・
不信・并懈怠・放逸・及失念・散乱・不正知、

不　定——不定、謂悔・眠・尋・伺二各二、

七、所依門——依ニ止根本識一、

八、倶転門——五識随レ縁現、或倶、或不レ倶、如ニ濤波依レ水、

九、起滅門——意識常現起、除下生ニ無想天一・及無心二定・睡眠・与中悶絶上、

四、解　釈

①　出二能変差別一門

『頌』に「次第三能変、差別有二六種一」(次の第三の能変は、差別なること六種有り)と称しているのがそれである。そこで『論』では、この『頌』を解釈する方法として、第三能変に摂められる識は、何故に「有六種」と云って六種あるのか、また、その六種の名は何と云うのか、或は何故にそういう名が与えられるのか、ということから、せんさくが始められている。

先ず「有六種」から見ていこう。『論』によると、「六の根と境とに随って種類異なるが故に」と云っている。即ち識の種類を見ると、根に眼・耳・鼻・舌・身・意の六、境に色・声・香・味・触・法の六の別がある。それによってはたらいている識をまとめると六となるので、「有六種」と云わねばならないというのが、先ず第一の回答である。

次に六種の名称についてである。『論』の仕組から云うと、六識の名称は、根に従えて眼識乃至意識と云ってもよいし、或はまた、境に従えて、色識乃至は法識と云ってもよい、殊に識は了別の義であり、何を了別するかと云えば、所縁の境を了別するのが識の義であるのであるから、境に従えて名を与えるのが識の義に準ずるものと云わねばならない。いずれにしても、二途の名称が与えられてよいのであるが、後者の名称は、未自在の位であればそれでもよいが、もし自在を得、諸根互用と云うような場合、この場合、諸根互用の理解の仕方に多種あるけれども、例えば一根が識を起して一切の境を縁ずるとなると、境に従えて識の名を立てるということは成り立たなくなる。その点、根に依って立てた名称ならば相濫の失なく、已自在の位にも適用するとして、色識乃至法識と云わないで、根に従って、眼識乃至意識という名によると云うのである。その上、『論』では、根に従う立名について、「根に随って名を立てることは五義を具するが故に」と称し、「五と云うは、謂く依と発と属と助と如根となり」と説いている。五義のことまでもここで述べるには及ばないと思うので、そのことは、『論』巻五（p.16,a）の説明に譲る。

② 自性門と、③行相門

「頌」に「了レ境為二性・相一」（境を了するを以て性とも相とも為す）と云うのがそれである。これは、前六識の自性と行相との二門を並べ説いたものである。前六識は、すべて所縁の境を了別するので識と云い、従って境を了別することを自性とするもの、従ってそれがまた行相たるのであると云わんとしている。しかし何故にかような云い方をしなければならないかと云うと、所縁の境を了別するのは見分の作用、即ち行相である。自性は直ちに顕わし難いので、行相をあげて自性も亦た了境なりと云ったのである。

『論』巻五（p.17,b）には、引続いて「斯れに由って兼ねて所立の別名をも釈しつ、能く境を了別するを以て名づけて識と為すが故に」と称しているが、その意味は、三能変を心・意・識と別名を当てる場合、第三能変に識の別名を配する、識とは了別の義であるから『頌』は兼ねて別名をも顕わさんとしているのだと云うのである。

④ 三性門

『頌』に「善・不善・倶非」(善と不善と倶非となり)と云っているのがそれである。「倶非」とは、善・不善に非ずというので「倶非」と云い、無記のことである。

次に善・不善・倶非についての説明をしているが、善については「能く此世・他世のために順益するが故に名づけて善と為す」と云い、人天の楽果は、此世には能く順益を為すけれども、未来他世に於ては、三悪趣へ堕して苦しむようなことがある。此世ばかりの順益にして他世に順益なき故に善とは云われぬ。同様に、此世・他世に違損するものを不善と云う、悪趣の苦果は、此世には違損するけれども、他世に於ては必ずしもそうでないから不善とは云い得ない、人天の楽果にしても、悪趣の苦果にしても、二世順益でも二世違損でもない、即ち善・不善という観点に立てば「倶非」なるもの、即無記であると云う。

以上は善・不善・倶非という言葉についての説明である。しかし今の六転識が、三性についてどうなっているかということになると、六転識の相応する心所によって性格づけられるのであり、善の心所と相応する識なれば善に摂められ、不善の心所と相応するならば不善に摂められるのである。

しかし、ここに問題が残る。それは、善・不善の業の体は思なり、善・不善の性が分れるのは思の心所の作用なりと云うのである。然るに今の『論』文では、相応の心所によって善・不善の性が分けられるように説いてあるが、この関係をどう考えるかが古来の議論となっている。これについて、成る程、善・不善の造作は思の心所の用であるが、それを善・不善になすものは相応の心所である。即ち、善業と悪業、そのいずれの行為をなそうかと審慮し、決定するのは思の心所の自由であるが、それにしても、善・悪を性格づけているものは、相応の心所によると云うのである。

また次にこういう問題がここで論じられている。それは、六識が起るとき、善・悪・無記の三性が倶起するか、倶起しないかという問題で、両師の説がある。第一師の説では、倶起せずと云う。その理由は、一には、六は同じく外境を縁ずる、その場合、三性相違のものが倶起する筈がない。また五識は必ず意識に引導せられるが、その場合、五識の三性相違の識が倶生すると云うならば、能引の意識が、同刹那に三性に通ずるという、正理に違することを許さねばならないことになる。だから、六識三性の倶起を許すことは出来ぬと云うのである。

しかるに第二師は、以上と異なり、「六識三性は倶なることも有るべし」という説である。その理由は、例えば今、先ず眼識が仏像、即ち善の色を縁じ、卒爾・尋求・決定・染浄・等流と五心を経てなお多念の間、眼識を起しているその時、にわかに不善の声がし、不善の境が現前して耳識が起り、同時に第六意識も声を聞く、それがまた不善心を等流する、さてそこへ、無記の香境が現ずると無記の鼻識を起す、初めの眼識は善の等流、次の耳識は不善の等流、そこへ無記の鼻識が起って卒爾心を起す。即ちかくの如く、六識が倶起し、三性が並ぶこともあるべしと云うのである。

これに対し前師より難が起るのは当然である。何となら ば、五識がもし三性並び起るならば、能引の第六意識が、一時に三性並ぶという非理に陥ることにならねばならないかということになるが如何と云う。そこで第二師は通じて云う。前五識とは同時に起るものであるけれども、その性までが同でなければならないことはないと答えて、前師の難に対応している。その他、詳しくは『論』と『述記』に譲ることにする。

六識が三性に通ずると云う以上の論が、未自在位についての論であることは云う迄もない。得自在位の位では、六識はすべて唯だ善性に摂することはいつもの通りである。

⑤ 心所相応門

『頌』に、「此心所、遍行・別境・善・煩悩・随煩悩・不定」(此の心所は、遍行と、別境と善と煩悩と、随煩悩と不定となり)と云うのがそれである。

この項は、前六識と相応する心所をあげたので心所相応門と云うのであるが、その心所の種類に、遍行と別境と善と煩悩と随煩悩と不定の六種のあることを示したのである。この六種の心所のことを、普通には六位の心所と称している。そして『論』では、ここを解説する方法として、先ず心王に対して心所と云われる義如何、ということから始めている。即ち心所は、心王に対して、次のような三義を有しているから心所と云われるのだと云う。その第一義は、「恒に心に依って起る」、即ちここにあげられた心所は、必ず心王を離れては起り得ない、心王を所依として起ると云うのである。第二義は、

「心と相応する」と云う。即ち、心王に伴われて起ると云う。次に第三義には、「心に繋属す」と云い、この三義を具しているので心所と名づけると云うのである。恰も我に属するものを我所と云うのと同様だと云っている。この三義を、抽象的に考えると、同じようなことを云っていると思うかも知れないが、具体的には、この下の『述記』五末(p. 71, b~p. 72, b)に五義を以て釈しているように、三義各々簡ぶ所あっての釈である。詳しくは『述記』に譲る。

次に『論』では、心所の行相を述べて、心王と相違する所を明かしている。即ち『論』に、「心は所縁に於て唯だ総相のみを取り、心所は彼に於て亦た別相をも取る」と云うのがそれである。即ち青色を縁ずるとき、青と確認するのが総相を取ると云い、その色を好しとし、悪しと取るのを別相とし、総相はもとより、別相までも取るのが心所のはたらきとする。『論』では画師と弟子との例を挙げ、師が輪廓を画き、弟子が摸彩するが如しと云っている。このように、心王の仕事を助成するので心所と云うと云っている。前は、三義によるが故に心所と名づくと云い、ここでは「心の事を助成するを以て心所と云う名を得たり」と称している。

上の心王と心所との関係を証拠立てる文として、『論』では、次に『瑜伽論』巻三の文を引証して、「瑜伽に説く、識は能く事の総相を了別す、作意は此れと、所未了との相を了す、即ち諸々の心所所取の別相ぞ。触は能く此れと、可意等との相を了す。受は……、想は……、思は……、故に作意等を心所法と名づく」という文を出しているが、今の多くの仏教学界の人々が、ただ便宜的に心と心所とを融合した形で心を捕え、また説明しようとしているが、心と心所とを分析的に把握して、心所によって所未了の心事を完了せしめるとした『瑜伽』の思考方法は、部派仏教以来の永き伝統で、唯識に於ても堅く守っている印度仏教の教学的態度と云ってよい。しかし現実には、こうした教学的でない印度仏教も数多く、幅広くあるが、それらは仏教文学とか、仏教思想とかと云うべきもので、未だ哲学的にまで組織化、教学化されていないものと云うべきであろう。と云ったからといって、具体的には一聚の心王・心所として、同時俱起していて、刹那の心を形成していることは勿論である。

心王は総相を、心所は総相と亦た別相をも取ると云うことで、心得ておかねばならぬ一事がある。それは作意と余の心所との違いである。先所引の『瑜伽』の処で、「作意は此れと、所未了との相を了す」と云い、それを説明して、『論』に「即ち諸の心所の所取の別相ぞ」と云っている通り、そしてこの下の『述記』に、「作意の一法は独り能く彼の衆多の別相を取る」と註している通り、他の心所が、各々一法の別相を取るのに対し、作意は能く衆多の別相を取る違いがある。その理由として、『述記』には、「作意は能く心・心所をして境を取らしむる功力勝れたるに由る」と云っているが、その意味は、作意自身、衆多各々の心所の所縁を取らなければ、どうして他の心・心所をしてその境に趣かしむると云うことが出来ようか、趣かしむると云うことは、自ら他の心・心所の境を知っているからだと云うのである。しかし作意に限って、かような別扱いをすることについては、種々の疑問があるので、『同学鈔』五之五（p. 16, a以下）に「衆多別相所縁」という題の下で議せられている。

既に述べたように、心所に六位あり、而してこれは後に重説せられるが、遍行に五、別境に五、善に十一、煩悩に六、随煩悩に二十、不定に四ありとしている。しかし、この分類の仕方と数とについては、諸論必ずしも一致しないので、それを会通している。『論』では、「瑜伽論に六を合して五と為す、煩悩と随煩悩とは俱に是れ染なるが故に」と称して五位に分っていること、そしてその理由をあげているが、その他、数についても、『述記』では、「対法の第一と、大論の五十三と五十五とは不同なり、五見を開合し、邪の欲と解とを増せるを以ての故なり、此は顕揚、五蘊、百法と同なり」と称し、開合の不同から、数に増減を生ずることを述べている。

次に四一切ということで六位を分類しているが、省略しておく。

⑥ 受倶門

『頌』に「皆三受相応」(皆な三の受と相応す)とあるのがそれである。一般に、開合の違いによって五受、三受等と云われているが、ここでは三受門によっている。六転識は、七八二識が任運一類に相続するのと違い、易脱不定の識であるから、相応の受に於ても、苦・楽・捨の三受と変化して、皆相応すると云うのである。

『論』によると、「順境の相を領して身心を適悦するを、説いて楽受と名づけ」「違境の相を領して身心を逼迫するを、説いて苦受と名づけ」「中容の境の相を領し、身に於ても心に於ても、逼にも非ず悦にも非ぬを、不苦楽受と名づく」と云って、苦・楽・捨の三受ということを規定している。『論』では引続いて、この三受を分類して増減のあることを示し、二箇の二、二箇の三、二箇の四、一箇の五と云うように、例えば、最初の二箇の二とは、三受を、一には身心と心受、二には有漏と無漏、即ち二と分類する二箇、而して二箇の三とは、三受を、一には見所断・修所断・非所断の三に、二には学と無学と非二と云うように、三に分類する仕方に二箇あること、それから二箇の四、そして一箇の五と称して、苦と楽と憂と喜と捨の五とする一箇の分類の仕方が示されている。一般には、苦・楽・捨の三受、或は開いて五受として論ずるのが普通であるが、因みに述べられている受の分類の仕方を紹介しておく。そこで明らかにすべきことは、三受が、どういう意味で五受に開かれたかということ、また『論』には、五受の扱い方について、二箇の有義が出されているので、それらを述べて置く必要がある。

初めに、三受がどうして五受に開かれたかという義である。五受に開くということは、三受の苦が、苦と憂とに、楽が楽と喜に開かれ、捨はもとのままである。理由は三有りで、第一には、苦と楽とを二に分けたのは、逼迫と云い悦楽と云っても、身の場合と心の場合とでは相違している。第二には、無分別の前五識の場合と、有分別の第六意識の場合とには相違がある。第三には、重と軽とによって差別がある。以上三個の理由によって、苦を苦と憂とに、楽を楽と喜とに細分したと云うのである。而して不苦不楽には、こうした別がないから、開きようがないのである。

もしこれを具体的に云うならば、前五識相応の適悦の受ならば、常に楽と名づける。但し、これは欲界と初静慮とに限られる。ということは、二禅以上五識皆無と云うから、前五識相応の受が二禅以上にあろう筈はないと云う。ところが、第六意識相応の適悦の受となると、意識相応だから、常に喜受と云い得るかと云うに、処によって喜とも名づけられ、また楽とも名づけられるというむつかしさがある。即ち『論』に、「意識と相応するにおいて、若し欲界と初・二静慮の近分とに在るをば喜と名づく、但だ心のみを悦するが故に」と云っているが、これは、欲界は勿論のこと、上界の初・二静慮をも含めて、意識相応の適受を喜受とする処を示したのであり、また「初・二静慮の根本に在る」

適悦受は、心身を共に悦するから「楽とも名づけ、喜とも名づくと云う」、しかし「若し第三静慮の近分と根本とに在るをば楽とのみ名づく」と云うのである。その理由は、安静と尤重と無分別なるが故にと三由をあげている。即ち安静とは、同じ適悦でも、喜と云う場合は、動勇してさわがしき状況に於けるものであるが、安静の喜、それは楽の状態と云うと云っている。尤重と無分別とについては、適悦受を楽と喜と分ける場合の規準となされていることは既に述べた通りであり、ここの適悦は尤重なるもの、無分別なるものであるから喜ではなく、第六識相応のものでも、楽と称すると云わんとしているのである。

次に逼迫受についてであるが、前五識相応のものを恒に苦と名づけることには異義はない。しかし意識と相応するものについては、第一師と護法等の第二師との間に相違がある。第一師とは、『述記』の此の下では長徒の義、即ち常途の義としているが、『枢要』では安慧の義と指示している。結論的に云うと、第一師では、苦受というのは前五識に限る、第六識相応の逼迫受は、いずれに在っても憂受であって苦受ではないと云うのである。これに対して第二師の云い分は、第六意識相応といえども、苦受の場合が有りと云うのである。成るほど人間天上で云えば、第六識はただ憂受とのみ相応するけれども、餓鬼と畜生とには軽重の相相雑るが故に、憂とも名づけ苦とも名づける。しかるに地獄界は、純苦・尤重・無分別の処であるから、第六相応といえども苦受と云うと云うのである。両師共、文証を挙げて論じているが、詳しくは『論』及び、その下の『述記』に譲る。

次には、三受が六識に倶なりや不倶なりやという論で、これについても両義がある。第一師は、三受不倶と云い、第二師、護法は、三受容倶の義である。その理由は、共に前の三性門下の不倶・容倶に於けるのと全く同様であるので、改めて述べることは省略する。
次に『論』では、いつもの通りに、以上は未自在位に於けるもの、仏果に至っては苦と憂とは全くなく、楽・捨の二受のみと結んでいる。そして既に示した通り、次に五頌を頌し、話をもとへ戻し、六位の心所の法体を示しているのである。

⑦ 六位の心所の法体を明かす

(a) 遍行の五

『頌』に、「初遍行、触等」(初の遍行と云うは触等なり)と云うのがそれである。ところが「触等」と作意・受・想・思を等じているのは、先の初能変段の第三頌に於て「常に触と作意と受と想と思と相応す」と、五遍行の名目をあげているので、ここでは『論』に「前に広く説くが如し」とことわっている通り、「触等」と、他を省略したのである。そして本稿に於ても、『論』に従って、五遍行の心所の性・業等についての説明をその場所、即ち「初能変段の⑥相応門」の下で説明しているのでそれらに譲り、ここでは『論』が、教理両証を以て、この五法を遍行としている、その論証ぶりを伝えることにする。

先ず教証としては、『雑阿含経』八にある『起尽経』、これは『正理論』巻十一にも引用してある文で、大小共許のもの、それによって先ず触・受・想・思の遍行たることを証し、次に別の契経、『中阿含』第七にある『象跡喩経』、この文もまた『婆沙論』巻二にも引用してあるもので、大小共許の文、それを引用して、作意の遍行たることを教証し、而して後に、理を以て、識の起る時には、必ず五遍行の心所の起らねばならないことを述べている。先に述べたように、五遍行の心所については、既に第八相応の心所門に於て述べられているのであるが、ここでは「遍行と云う相、云何が知るべき」という言葉の下、前より、より以上簡にして要を得た説明の仕方をしている。即ち根・境・識をして三和せしむる触がなければ、識は起り得ない。心を驚覚せしめることなしに、識のはたらきは在り得ない。受の領納なくして、相手を了別できない。想が自境の分斉、境像を把えることなく、また思がそれを、善・悪・無記と心を造作せしめることなくして、識のはたらきは在り得ない。心起らざればやみなん、苟しくも起れば、以上の五の、随一として無きことはあり得ないので、この五を遍行と称すると云うのである。

(b) 別境の五

『頌』に、「次別境、謂欲・勝解・念・定・慧、所縁事不同」(次の別境と云うは、謂く欲と勝解と念と定と慧となり、所縁の事不同なるを以てなり)と云うのがそれである。「別境」とはと云って、次に欲・勝解等とその名を列ね、而して「所縁の事不同」と云っているが、これは別境と名づけるわけを説明しているのである。即ちこの五の心所を別境と云うわけは、所縁の境が多分別なるによって別境と云うと云わんとしているのである。五の心所の中、定と慧との二は、所縁の境が同じであるが、その他は皆所縁の境が違う。欲は所楽の境に、勝解は決定の境に、念は串習の境に、而して定と慧とのみは観察の境に転ずる。そこの状況を『頌』に「不同」と云ったのを、『論』に「多分不同」と称したのである。

次には五別境各々の意味如何と云うことになる。『論』の説明によって順次に解説することになるが、先ず欲については「所楽の境に於て希望するを以て性と為し、勤が依たるを以て業と為す」と規定している。

ここに、性と業と云っているが、要するに作用のことを親疎によって分けているので、親用を性、疎用を業としていると『了義灯』巻四に説明している。例して云えば、火は熕を以て性とし、物を焼くを以て業と為すと考えてよいようなものである。

ところが『論』では、この「所楽の境」ということをどう解釈するかについてもまた三師の義が分かれ、第一師はそれを「可欣の境」、第二師は「所求の境」、第三師は「欲観の境」として争っているが、共通する所は、いずれの義と解釈してみても、欲の心所は、故に起ることと起らぬこととあり、故に遍行に非ずと結んでいる。ところが遍行とは云わないが、小乗有部等では、大地法という法を立て、欲の心所をここに収めている。大地法というのは一切の心に遍ずると云うので、本派で云う、遍行に当るものである。そこで、どうしても彼の言い分を聞き、こちらの云い分を通しておく必要がある。そこで『論』巻五（p. 28, b～p. 29, a）では、彼らを破する一段を設けているのである。云く、有部等で云うには、心・心所が所縁の境をとるときには、いつもその境を希望する力に由る。境を希望する、それが欲の心所であるから、欲は一切の心に遍ずる。だから契経（中阿含二十八）に、「欲を諸法の本と為す」と云っているのだと云うのである。この契経は『正理』巻十にも有部の引用する所である。

これに対する破の意は、心・心所をして、所縁の境を取らしめるものは作意である。だから本派に於ては作意を遍行に入れてある。聖教に「作意現前して能く識を生ず」と説いてあるが、処として曾つて、欲に由って能く心・心所を生ずると説いてある処はない。ただ経に「欲を以て諸法の本と為す」と云ったのは、例えば経に、「諸法は愛を以て根本と為す」と云っているのと同様で、こう云ったからと云って、諸法が皆愛に由って生ずると云ってよいであろうか、「欲を本と為す」と云ったのは、欲に起される一切の事業についてそう云ったまでであると破釈し、そして積極的には、どこまでも、起る事あり、起らぬ事ありと説いて、欲を以て別境の義としているのである。

次には勝解についてである。勝解については、「決定の境に於て印持するを以て性と為し、引転すべからざるを以て業と為す」と云う。「印持」とは印可決定すること、「引転すべからず」とは心の動揺せぬことである。即ちかように印可決定し、動転せぬを以て性・業とするとなると、猶豫の心の場合、或は猶豫しないでも、七八二識の如き、任運にして審決することなき心については勝解は起らぬ。即ち遍行に非ざることを述べている。ところが薩婆多部の異師の説（『正理論』巻十には有部師曰として引かれており、『宝疏』四には雑心論師の説と云われているが）として、前と同じく勝解をば大地法に摂める、即ち遍行と見なす説があるので、次にはそれを破釈しているのである。即ち有部の異師は、勝解とは、心・心所が自境を縁ずるとき、ものに拘礙《さえられ》ることなく、所縁の境を縁ずることが出来るのが勝解の心所の力であると云うのである。となると、礙えられることなしという前提の下に、所縁を縁ずるという事実が成り立つのであるから、所縁を縁ずるという心・心所のはたらくとき、常に勝解有りと云わねばならぬ、だから大地法に摂する、遍行でなければならないと云うのである。これに対して本派からは、それは勝解に由るに非ず、心・心所が、ものに礙えられずして生ずるのは、根と作意とによる。そこで彼より転救して、根と作意の起るのも独り起るに非ず、やはり勝解の力によるなるべしと云うので、こちらとしては、もしそうだとすると、その勝解の起るにも、それを起す起し手がなければならなくなり無窮の過を招くと云って破釈しているのである。

次には念についてである。念については「曾習の境に於て、心を明記して忘れざらしむるを以て性と為し、定の依たるを以て業と為す」と規定している。即ち曾つて経験したことについて、心をして明記せしめて忘れざらしめ、また定が起るための所依となると云うのである。そして曾つて経験したことであるにも拘らず、場合によっては明記しないこともあるが、それは念が生じていないからである。だから念は遍行たり得ないと云うのである。

次に「定の依となる」とは、定とは心を一境に集中して他に移動せしめない情況であるが、そんな情況に入るためには、その前段階に於て、心が刹那々々に移り変るようでは定は得られない。境の移り変ることなく、いつも同じ境が現われていることが大切である。そこが、念が「定の依」とする所である。がしかし、本派でこれを遍行に非ずと云うにもかかわらず、有部がこれを大地法としているのは周知のことである。しかし、それを大地法とするのについては、有部は有部としての理由を持っている。そこで『論』では、有部の理由を破釈しているのである。有部が念を大地法、即ち、いかなる心の起る時でも必ず念が起ると主張する理由は、「後時の憶念の因」となるからだと云う。即ち後の時に憶念が起るのは、前の時に念が倶起していたからである。もし念の心所が前の時に起っていないならば、後に思い出すことはない筈、かくて念を大地法、遍行とすると云うのが有部である。それに対して唯識学派では、後に憶念する故、前にも念がなければならぬと云うのであるならば、後に痴等の煩悩を起したり、また信等の善を起すとき、前にもそれらがなければならぬということになって非理であるし、また汝の云う如く、後の憶念は前の念を因とするものでもない。即ち前の能縁の心・心所や、或は想の心所の勢力によって取像して境を取り、それを本識中に熏習し、その本識中の功能が後の、或は後の憶念の因となるので、前の念が後念を生ずるのではないと破しているのである。

次には定についてであるが、定については『論』に「所観の境に於て、心を専注して散ぜざらしむるを以て性と為し、智が依たるを以て業と為す」と規定している。専注ということについて、一般には、前後一類の境を縁じて、心の移らぬことを予想するが、必ずしもそうでなく、前後の境がかわっても、その時その時に、心がその境に専注していることをも含めているのである。でないと、例えば見道の中の相見道の如き、苦集滅道の四諦を歴観するもの、前後の境がみな違っているが、その時は定と云われぬことになる故、専注を前後一類の境に局るのではないとしている。また「智が依となる」という規定も、定の後に疑心が起ることもあるので、この規定は多分に約し、または浄分について云っているのだと云われている。定を専注だと規定したわけであるが、心を境に専注しない場合には、従って定は起っていないと云うことになり、そういう意味で、定の心所は「遍行に非ず」と云わねばならないと云うのである。

これに対して、これを大地法とする有部では、当然に遍行だと主張するわけであるが、その理由は、散心の時でも境を縁ずる時、心は微隠ではあるが定が起っているから縁ずることが出来るのであると主張する。これに対して本学派の破釈は、所縁の境を取ることに於て、もし心等を和合して一境に趣かしめるには、定の力を借らずとも触の心所に依る。また定の心所によるが故に、一刹那の所縁の境を変えざらしむるから所縁を取りうると云うのであるならば、もとより一刹那の間に所縁をかえることは有り得ないこと、また定によって所縁を取らしめると云うがしからず、それは作意の心所に依るからだと破するのである。

次に経部師が定の体は即ち心にして心所に非ずと主張するのに対して、定は心所として別体有ることを証して『論』はこの項の説明を終り、慧の心所へ移っている。

次に慧の心所についてであるが、『論』には「所観の境に於て簡択するを以て性と為し、疑を断ずるを以て業と為す」と云っている。但し「疑を断ずる」と云うけれども、これは勝恵に約していると云うのである。というのは、『述記』六末（p.7,a）等に論じているように、劣なる恵は疑と並び起ることがあるからである。而して『論』に「愚昧の心中には簡択なし」と云うことをあげ、従って例の如く「遍行に摂むるに非ず」と結んでいるが、しかし有部は定の場合と同じく、愚昧の心の時でも「相微隠にして」起っているという論法であるが、勿論これを破している。詳しくは『論』と『述記』等に譲りたいと思う。以上で五別境を終る。

（c）　善の十一

『頌』の第十一に「善、謂信・慚・愧・　無貪等三根・　勤・安・不放逸・　行捨・及不害」（善と云うは、謂く信と慚と愧と、無貪等の三根と、勤と安と不放逸と、行捨と及び不害となり）と云うのがそれである。先に、第九頌の第二句で六位の心所をあげたその中に「別境と善と煩悩と」という頌があったが、その善を開いたのが今の頌である。『論』で云えば、ここから巻六が始まるのである。善という意味については、六位心所の所で、二世順益の義で以て解説したので、ここに重ねて説く必要もないであろう。従ってここでは、直ちに十一善各個の相如何ということに入るわけであるが、『述記』六本下（p.1,b）には、本派でこの心所を十一としたこと、また唯善の心所と称したことについて、それは異執を簡ぶ所があるからだとして、異執の諸説をあげているが、まことに調法である。その云う所によると、薩婆多の法救（『婆沙論』廿八 p.14,b）と『倶舎』（巻四 p.5,a）と『雑心』（巻二 p.2,b）とは「善に十種有り」とし、無痴はその体慧なりとして、これを除いている。正理師（『正理論』十一 p.7,a）は「十二有り」と説いて十種の上に欣と厭とを加え、正量部は今の十一の上に欣と厭とを加えて十三種とするので、本派では十一としてそれらを簡んだのだと云い、また本派で十一を唯善としたことは、経部が、信と精進との二は三性に通ずと云うに簡んだもの等と称している。『述記』のこれらの配慮を心に留めながら、次には十一の心所の相如何の問題へ入り度いと思う。

初めに、最初の信の相如何ということから述べよう。『論』には「実と徳と能とに於て、深く忍じ楽し欲して、心を浄ならしむるを以て性と為し、不信を対治し、善を楽うを以て業と為す」と云っている。さてそこに「実・徳・能」と云っているのは、信の心所の所依処を挙げたもの、「実・徳・能」を所縁の境とし、それに依って信を起す、信の所依を示したのである。「忍・楽・欲」とは信の心所の因果を示したものである。即ち忍とは忍可決定の義、この忍可決定が因となって、果としての楽・欲が起ると云うので、それらを信の因果と称しているのである。「楽し欲し」とは願い欲する義である。も少し詳しく云えば、「実・徳・能」の実とは実有と云うことである。実有に四種有りと云い、一には仮実と云う時の実、二には真実の実、即ち真如・涅槃等のこと、三には堅実可得の実で、これは虚妄法を以て実なりと執しているその実、四には諦実の実で、あらゆる理事の法、または有法にもあれ、または無法にもあれ、境のありのままなること、それを実有と云う。即ち、その一切諸法のありのままを信忍、確認するのを、実、実有を忍じと云ったのである。

次に「実・徳・能」の徳とは、三宝真浄の徳という義で、仏・法・僧の三宝に具えている徳を最高の願わしきものとするのが信楽、而して能とは、その徳を我が身に得んとし、我が身に成就せんと希望すること、それを有能を欲すると云うのである。こうした場合、自ずから心浄を得する、即ち、実と徳と能とに於て深く忍じ楽じ欲するとき、自然の帰結として心が洗われてくるので「心をして浄ならしむるを以て性と為す」、即ち、澄浄の義を以て信の自相とするのである。従ってその反面、自ずから実事、諦実、具体的に云えば三宝を信ぜざる心を対治し、善を楽うを業とすると云うことになる。『論』ではその次に、上座部や大乗の異師の説として、「信は愛楽するを以て相と為す」と云うもの、「随順するを以て相と為す」と云う大乗の異師、或は大衆部の説を挙げて、これを破釈しているということを紹介しておく。

次に慚についてである。『論』では、「自と法との力に依って賢と善とを崇重するを以て性と為し、無慚を対治し、悪行を止息するを以て業と為す」と云っている。自の力というのは、諸悪は作すなかれ、衆善は奉行せよという教に浴している自分の身分を考え努力するその自己の努力のこと、法の力とは、自分を導いてくれる法の力、それらの力によって、その尊い教を如実に行なっている賢人、善者を崇重するそれが慚の性であり、従ってその当然のはたらきとして、無慚を対治し、もろもろの悪行を止めしめる業用がある。

次には愧についてである。『論』には「世間の力に依って暴悪を軽拒するを以て性と為し、無愧を対治し、悪行を止息するを以て業と為す」と云っている。愧は前の慚の心所と似ているけれども、慚は自と法との力によって善を重んずる方、愧は世間の力によって暴悪を軽拒するの違いがある。では世間の力とは何であるかと云うに、世間では一様に悪をきらうものである、そこで悪はなさぬようにせねばならぬと思い、悪をなさぬようになり、同時に暴悪を軽拒するようになる。これが愧の性である。従ってそれは、当然の結果として、無愧を対治し、もろもろの悪行を止息せしめるという業用があるわけである。

次には『頌』に、「無貪等三根」と云われていることについてであるが、「無貪等」と云った等の字は、無瞋と無痴とを等じているのである。これらを三根、詳しく云えば三善根と云うべきであるが、それらを根と称したのについては二義がある。一には出生の義、増上の義、二には三不善根を対治する義、この二義によるからである。根とは一般に勝れた力用あるものに名づけたのであるが、第一義がそれである。『論』に「此の三を根と名づくることは、善を生ずるに勝れたるが故に、三不善根を近く対治するが故なり」と称しているのは、この三を三善根と称した両義を述べているわけである。もっと立入って云うと、三善根と真反対の貪欲・瞋恚・愚痴の煩悩は、三不善根と称して悪を起すことに於て、他の煩悩よりも勝れた力用があるので、それらを三不善根と云う。従ってそれを対治する場合も他と異なり、通と別との対治を必要とする。通の対治を為すものは、三不善とも善の慧に由り、別の対治を為すものは、三不善根に対応する無貪・無瞋・無痴によって為されるのである。この難治の三不善根は、必ず三善根の手を経なければならないので、その三不善根に対して、無貪等の三根を、三善根と称するのである。そこで無貪より順次各別に三善根の説明に移りたいと思う。

先ず無貪についてである。『論』には、「有と有具とに於て著すること無きを以て性と為し、貪著を対治し、善を作すを以て業と為す」と云っている。有とは一切の存在のこと、即ち三界のこと、有具とは三界を生ぜしめた因のこと、即ち三界と三界を生ぜしめた因に対して、即ち一切の存在に対する執著を離れしめるのを以て性と為すと云うのである。そのことは当然の結果として、貪著の心を対治し、また善を作す業用を持っていることになる。

次には無瞋についてである。前述の通り『頌』に「無貪等三根」と云った等の字の中に、この無瞋は等ぜられている。無瞋について『論』には、「苦と苦具とに於て恚《いか》ること無きを以て性と為し、瞋恚を対治し、善を作すを以て業と為す」と称している。苦とは三苦、即ち寒熱饑渇等の苦縁より生ずる苦苦、楽境の壊することより生ずる壊苦、一切法の無常より生ずる行苦、或は生老病死の四苦等のこと、苦具とはその苦を生ぜしめる因のこと、われわれはそうしたものに対して、自ずからいかりを生ずるものであるが、それに対して、いかり無きを性とする心所、従って瞋恚、いかりの心を対治し、善を作すを業とすると云うのである。

次には無痴についてであるが、『論』に「もろもろの理と事とに於て、明らかに解するを以て性と為し、愚痴を対治し善を作すを業と為す」と云っている。理とは苦・集・滅・道の四諦の理等、仏法の道理であり、事とは有は有、無は無と、事の真実相のことである。その理と事とを正しく窮めることが無痴の心所の性である。従って当然の結果として、愚痴を対治し、善を作すを業とする。『論』によると、その次に無痴の心所を以て、別境の慧を体とすると主張する有義と、そして別の有義、体慧に非ず、無痴に別体の心所有りとする義との両義があり、共に教理両証を以て諍っているのであるが、勿論、別体有りとする後義を以て正義とするのである。

次には勤についてである。『論』には「勤と云うは精進ぞ、善・悪品の修し断ぜらるる事の中に於て、勇悍なるを以て性と為し、懈怠を対治し善を満ずるを以て業と為す」と称している。ここに「勤と云うは精進ぞ」と云っている意味は、単に勤と云うと、善・悪・無記の三性に通ずることになる。今は精進のことを勤と云っている、精進と云う場合は善に限り、悪事に精を出しても精進とは云わぬ。そうだから、ここの勤は精進のことで、唯善に限ると簡んでいるのである。そのことが内容的には、規定の「……勇悍なるを以て性と為す」、即ち勇悍とは昇進堅牢の義であること、そう云われているのである。このことは、善事を満足せしむる業用たることは云う迄もない。

次には安についてである。安とは軽安の略である。軽安とは軽やかで安隠なる気持のことである。『論』には「麁重を遠離し、身心を調暢して堪任するを以て性と為し、惛沈を対治し、依を転ずるを以て業と為す」と云っている。

麁重とは、煩悩や煩悩の種子、或は煩悩の習気によって、心の重苦しくなる現象である。そうした現象を除き、そして身も心も調和がとれてのびのびし、もの事に集中力が出来るのを以て本性とし、従って、その逆な状況の心所、即ち惛沈、即ち心をくらく、沈みがちにしてくよくよする心を対治し、依即ち所依の身・心、即ち五蘊を転ずる。転ずるとは身心を調え、安適ならしめること、そうしたはたらきが有ると云うのである。『論』に、軽安は「能く定を障うる法を伏除し」と云っている通り、この心所は、定の世界に於て起るもの、従って散心の世界には無き心所である。

次には不放逸についてである。『論』には「精進と三根との所断・修に於て、防し修するを以て性と為し、放逸を対治し、一切の世間・出世間の善事を成満するを以て業と為す」と云っている。「精進と三根、即ち三善根とに於て」と云っているように、不放逸とは、四法に於て仮立されたもの、実の体なしと説いている。十一の善の心所の中、前八法は体有りとしているが、以下の三法は用に約して仮立されたものである。この心所は放逸、即ち気まま、放らつな心所を対治するものであるが、その放逸と云うのは、懈怠と貪・瞋・痴の三不善根を体とするはたらきで、一切の善を妨げるものである。その放逸を対治するのがこの不放逸、従ってこの不放逸の防悪修善のはたらき、また放逸を対治する業用を、精進と三善根に於て仮立すると云うのである。

さて心所の上に仮実のあるのは、どうした理由によるものであろうかと云うに、それは、その一法にて作用の顕わるるものあり、また多くが、相寄って作用を顕わすものあり、精進と三善根との作用は、それはそれとして各別に顕わるるものであるが、不放逸ということについては、この四が合したところにその功能が顕われるという理解である。

次にそれでは、防悪修善の功能は何もこの四法に限らず、信等の十法はことごとくそうした功能を有している筈であるのに、何故にこの四法にのみ依って、不放逸を立てるのかという論があるわけであるが、それについては、『論』では、信・慚等の如きにもこの能はあるけれども、「彼の四にくらぶるに勢用微劣なり、根にも遍策するにも非ず」と云って、その理由を説明している。

次に唯識学派では、この不放逸を仮立としているが、周知の如く、有部では実法としている。そこで『論』では、有部との間に論が往復し、有部の反論に対して応酬している。詳しくは、『論』及び『述記』を見るべしである。

次には行捨である。『論』には、「精進と三根との、心を平等に、正直に、無功用に住せしむるを以て性と為し、掉挙を対治し、静に住せしむるを以て業と為す」と称している。ここでも「精進と三根」の功能によって仮立すると称していることは、前の不放逸と同様である。先ず平等というのは、悪を為すときは、人に知られることを恐れたり、かっとなったり、つじつまを合せたりしようとするために心が波立ち、平らかでない。善を為すときには、そんな気づかいもなく、すらすらと出来て心平らか、平等である。しかも邪曲を離れるから正直になり、何のたくらみ、たくみもないから無功用である。そうであるから、心をそわそわさして静寂をさまたげる掉挙の心所を対治するのを業とすると云うことになる。この心所は、単に捨と称してもよいのであるが、受に於ける捨に簡び、これは行蘊所摂であることを示さんがため行捨と称したのである。

次に不害についてである。『論』には「諸々の有情に於て損悩を為さず、無瞋を性と為し、能く害を対治し、悲愍するを以て業と為す」と云っている。そして『論』に説明している通り、無瞋には自体があるが、不害には自体なく、無瞋の一分によって仮立したものであると。そこで無瞋と不害との区別を説明して、初説では、無瞋はものの命を断ずる瞋に翻対せるもの、不害はものを損悩する害に違するもの、後説では、無瞋は楽を与え、不害は苦を抜くものと区別している。

而してここでも、有部では、不害は無瞋に非ず別体有りと立てるので、唯識学派として、不害を無瞋の一分としたことに筋を通しているのは常の如くである。

次に『論』巻六（p.8,a以下）で、諸門分別という名の下に次のような注意事項が述べられている。それは『頌』に善の心所をあげる場合、「行捨及不害」とあるが、ここでの「及」の字義には、善の心所は十一に限るものでなく、義として他に十一以外に種々の名義がある、即ち「その他」とか、「等」の意味が含まれていると云うのである。現に『阿含経』の雑事品や、『法蘊足論』巻八等では、善の心所として欣・厭等の名がつらねられているけれども、欣は「欲と倶なる無瞋の一分」、厭は「慧と倶なる無貪の一部」と、ここでは説明している。その他、不忿、不恨、不悩、不嫉等が、瞋に翻対せる無瞋の義の一分についてたてられたもの、或は不慳、不憍等と云われているものもあるが、それは貪に翻対せる無貪の一分によって立てられたもの、不覆、不誑、不諂については、無貪と無痴の一分により、不慢については慚の一分により、不疑については正恵の一分について、不散乱は正見と正知とにより、不忘念は正念によって仮立されたもの、名称としては種々多様に云われているので、そのことのわけを含んで「及」の字が用いられていると云うのである。

そこで外よりの疑問であるが、有体にもせよ仮立にもせよ、染汚の煩悩、随煩悩に翻対して善の心所を立てるとすると、煩悩と随煩悩とは、廿六、或は開いて三十となすべきであるのに、事実は然らず、中には染汚に翻対して立てているものと、立てられてないものとがあるが、その規準如何という疑問が起るのである。その答えは、善の心所はあらゆる染汚法に翻対して立てていると云うのではない。染汚法中の勝れたものに対し、翻対して善の心所を立てていると云うのである。

或はまたこういう質問も起っている。それは、染汚法の廿六に翻対せしめて立てられている善の心所が、十一では多少の調和が取れていないではないかと。それに対しては、清浄法たる善は勝、染汚法は劣、或は前者は悟、後者は迷、勝にして悟なる法故に、劣にして迷なる法よりも威力が大であるから、少なくても充分だと云っている。先に善の心所各箇の説明の終った『論』では、上述のような質疑に応じ、更に善の心所についての仮実分別、倶起分別、八識分別、五受分別、別境相応、三性分別、三界分別、三学分別、三断分別の九項について解説をして、この一段を終結している。そこでこの九項の問題を簡単に解説しておこうと思う。

(d) 善の心所に関する九門分別について

第一に仮実分別であるが、これは既に述べた通り初めの八の善の心所は有体で実、後の三は仮。仮の中、不放逸と行捨とは精進と三善根に於て仮立せるもの、不害は無瞋の一分に依っての仮立である。

次には、第二に倶起分別についてである。これは、善の心所が相互に同時に並んで起るか、別々に起るかという問題で、二師の別がある。前師の義は安慧の義と云われているが、これを四遍善心と称し、精進と三善根の四は、いつでも倶起し、善心の起るときこの四の起らぬことなし、而して他の七は、起ることもあり、起らぬこともあって不定と云い、理を立てて証している。後師の義は護法の説で、これを正義とするのであるが、この義を十遍善心と称している。即ち軽安の一は定位に限って起るもの故これを除き、他の十は善心に遍じて起る。これを「十遍善心、軽安不遍」と称している。両義間の問答はこれを略す。

次には第三に、八識分別についてである。先ず第七と第八とについては、因位の間は善の心所と相応せず、無漏に転じた場合は十一と相応す。次に第六識については、定位ならば十一と相応し、散位ならば軽安を除くことになる。次に前五識について両師の別があり、第一師安慧は、前十五界唯有漏、仏には無漏の五識なしと立てるので、また前五識は外に転ずる散動の心故に軽安なしと云う。第二師護法の義では、定に引かれたる善の五識には軽安の起ることありと云い、この文を釈するについて、『述記』には三釈を設けている。

次には第四に、五受分別である。軽安を除いた十の心所は五受と相応し、軽安は憂と苦とを除くことを述べている。

次には第五に、別境相応分別である。五別境全部と相応すると云う。

次には第六に、三性分別である。この十一は唯善性なりと云う。

次には第七に、三界分別である。軽安のみは色・無色界の定地に限って欲界に通ぜず、他は三界に通ずると云う。

次には第八に、三学分別である。学、無学、非学・非無学に通ずると云う。

次には第九に、三断分別である。見所断には通じないが修所断、非所断に通ずると云う。唯善であるのに修所断に通ずると云うのは、有漏の善について云っているので、有漏の善は、善そのものは唯善で、断ぜらるべきものではないが、煩悩の為に縁縛せられていて有漏となっている故、その能縁の煩悩を断ずるとき、善の心所の上に縁縛をはなれるから無漏となる、それを修所断と云っているのである。『論』に、『頌』の善の心所段を受け、以上を以てこの一段を終っている。委曲は『述記』等を見るべしである。

(e) 煩悩について

『頌』に、「煩悩、謂貪・瞋・痴・慢・疑・悪見」(煩悩と云うは、謂く貪と瞋と、痴と慢と疑と悪見とぞ)と云うのがそれである。

煩悩とは、身・心を煩擾悩乱する心情のことである。その煩悩を根本煩悩と云うのは、次に出てくる随煩悩に対して云うのであるが、この煩悩が『雑集論』巻七(p.1,a)では、また随煩悩と云われている。その場合は心王に随って起ると云うので、煩悩のことを随煩悩と云っているのである。即ち煩悩は根本煩悩と云われたり、また随煩悩と呼ばれたりしているが、しかし根本煩悩に対する二十の随煩悩が煩悩と云われている場合はない。以下、貪よりその性と業とを探ることにする。

初めに貪についてであるが、『論』には「有と有具とに於て染著するを以て性と為し、能く無貪を障え、苦を生ずるを以て業と為す」と云っている。有とは一切の存在のこと、即ち三界のこと、有具とは有を生ぜしめた因のこと、その有と有具とを限りなく愛著することを以て性とし、従ってその反対の無貪を障え、苦を生ぜしめるはたらきを持っていると云うのである。

この下の『述記』で云うように、貪というのについて、一つの心得事がある。それは有部では『倶舎』や『正理』等に出ているように、貪でも無漏を縁ずるものは善法欲と称して、貪も善に通ずる場合があると云うのであるが、大乗唯識では、貪が善に通ずると云うことは許さない。仏を愛し、滅を貪する場合でも、皆染汚法に摂めるのが大乗の義である。

次に瞋についてである。『論』には「苦と苦具とに於て、憎恚するを以て性と為し、能く無瞋を障え、不安と悪行との所依たるを以て業と為す」と云っている。苦とは、苦苦・壊苦・行苦と云われる三苦のこと、苦具とは、それを生ぜしめる因のことである。憎恚すると、自ずから身心を熱悩し、諸の悪行を起さしめるから、「不安と悪行との所依」になると云っているのである。

次には痴についてである。『論』には、「諸々の理と事とに於て迷闇なるを以て性と為し、能く無痴を障え、一切の雑染が所依たるを以て業と為す」と云っている。理とは四諦の理等、仏教に於ける道理のこと、事とは有は有、無は無と、もの事の真実の相のこと、それに迷闇なることを以て痴の性とし、その性は従って無痴を障え、一切雑染法の所依となるものである。即ち四諦の理に闇く迷う所から猶豫、即ち疑心を持ち、邪見を起して因果を撥無し、貪等の煩悩を起し、殺・盗・婬・妄等の悪業を作し、後の諸々の雑染の法を引き起すことになる。これがその性であり、業である。

貪・瞋・痴の三を三不善根と云うのは、身口七支の悪がみなこの三から生ずるからである。

次には慢についてである。『論』には、「己れを恃み他に於て高挙するを以て性と為し、能く不慢を障え、苦を生ずるを以て業と為す」と云っている。慢について七慢、九慢等の簡別は一般によく知られていることであるが、ここで注意しておかねばならぬことは、大小相違の扱い方である。即ち小乗では聖者に我慢なしとするが大乗は然らず、大乗では、我慢は見所断にかぎらず、修所断に通ずるとして、聖者にも我慢を起すことありとする。大乗では、第七識に俱生の我慢があるからそう認めざるを得ないし、小乗では、第七識を知らぬから聖者に我慢なしと云うことになるのである。

次には疑についてである。「諸々の諦理に於て猶豫するを以て性と為し、能く不疑の善品を障うるを以て業と為す」と云っている。『論』によるに、この疑の体について両師の説あり、第一師は、疑の体は恵にして別体なしとし、第二師は別体有りとし、この義を以て正義としている。

次には悪見についてである。『論』には、「諸々の諦理に於て、顚倒に推度する染の慧を以て性と為し、能く善の見を障え、苦を招くを以て業と為す」と云っている。「染の慧を以て性と為し」と云っているように、悪見は別境の慧の心所が、悪しくはたらいた悪しき見解のことで、慧を以て体とするのである。これを開くと五となるのであるから、六根本煩悩は、開けば十煩悩となる。

次に五見を順次に説明しよう。

一には薩迦耶見（sat-kāya-dṛṣṭi）、『論』には「五取蘊に於て、我・我所と執するぞ、一切の見趣が所依たるを以て業と為す」と説明している。以下の五見については、性を云わず業についてのみ云うのは、悪見の下で、性については、総じて「染の慧を以て性と為す」と云っているから、ここでは五見各別の業のみの説明をしているのである。この薩迦耶見をどう理解するかについては、経部・有部・大乗に於て理解の仕方が異なる。経部では薩（sat）の字を懐の意（『俱舎』十九 p.6）、偽の意（『述記』六末 p.9〜10）として偽身見とし、有部ではそれを有の意として有身見、大乗では、有部の如く有にも非ず、経部の如く偽なるものにも非ず、依他移転の法であるとし、ここでは我見と称し、我所見をも兼ねてそう云っているのである。詳しくは『述記』六末、『俱舎』巻十九を見るべしである。「一切の見趣が所依」と云うのは、一切の諸見は、結局する所、みな我見を帰する所とするという意味である。我見をもととし、所依とすることによって生ずるからである。

次には辺執見《へんじつけん》である。『論』には「彼れに於て、随って断と常とを執するぞ、処中の行と出離とを障うるを以て業と為す」と。辺執とは一辺を執する義である。所謂る断常二見と称せられているものがこれである。即ち我見によって執し把えた五蘊に対して、或は常と執し、或は断と執する見のことである。処中の行とは、非断非常のこと、断常の二見にかたよらぬ涅槃の因行のこと、即ち道諦に摂められるもの、出離とは涅槃滅諦のこと、即ち辺執見は涅槃の因行たる道諦と、滅諦とを証得することを障えるものだと云うのである。

次には邪見についてである。『論』には、「因果と作用と実事とを謗すると、及び四の見に非ざる諸余の邪執とぞ、増上縁の如し、名も義も遍ぜるが故に」と云っている。因果を謗るとは、例えば、施与愛楽の因、それによって受ける福徳の果、善行悪行の因、それによって受ける善悪の果、それを無視し否定すること、作用を謗るとは、世間より受ける作用、父母等より受ける恩等を無しと否定すること、実事を謗るとは、阿羅漢等無しと否定することである。「増上縁の如し」と云ったのは、四縁の中、余の三縁におさまらない余他の縁を、総て増上縁に摂するから、例してそう云ったのである。

次には見取見である。『論』には、「諸見と及び所依の蘊とに於て、執して最勝なりとし、能く清浄を得すと云う。一切の闘諍の所依たるを以て業と為す」と云っている。所依の蘊とは、諸見所依の蘊、即ち五蘊のことである。そもそも第一の我見の起ることからが、五蘊を縁じて、それが基本となって辺執見等と移行しているのであるから、「諸見と及び所依の蘊」という言葉が出てくるのは当然である。即ち見取見とは、諸見と諸見所依の蘊とを最勝なるもの、それに依って清浄の果を得すと決め込んでいるもの、それだから皆が衝突してそれによって闘諍が起ると云うのである。

次には戒禁取《かいこんじゅ》見である。『論』には、「諸見に随順せる戒禁《かいこん》と、及び所依の蘊とに於て、執して最勝なりと為し、能く清浄を得るとぞ。無利の勤苦が所依たるを以て業と為す」と云っている。これは、外道が諸々の誤まれる見解に基いて、苦行を以て戒行とし、戒が依り所とする五蘊を以て最勝なりとし、それによって清浄の果を得ると考えている見解のこと、これが無益の苦行の所依となる業であると云うのである。

見取と戒取とについては、その云う所、ここでもまた大小の間で少し違うので、『論』には会通がしてある。即ち小乗では、ただ最勝なりと計するのを見取とし、能く清浄を得る因なりと云うのを戒取としている。大乗でも『瑜伽』巻八（p. 3, a）『対法』巻一（p. 13, b）その他にも、小乗と同じような説き方をしているが如何と云い、そしてそれは影略互顕、或は随転理門だから小乗に同じたもの、理実には見取も戒取も、共に最勝、清浄の因の両義有りと結び、煩悩についての性質（性）と業用（業）との説明を終了している。

（f）　煩悩の諸門分別

『論』では次に、煩悩の諸門分別として十二門に分って煩悩を観察している。十二門の分別と云うのは、一には分別・倶生門、二には自類相応門、三には識相応門、四には五受相応門、五には別境相応門、六には三性分別門、七には界繋分別門、八には学等分別門、九には三断分別門、十には有事縁・無事縁門、十一には有漏縁・無漏縁門、十二には縁事境・縁名境門、以上の十二門を終って随煩悩へ移るのである。二、三その内容を紹介し他は繁をいとって省略し、『論』『述記』等に譲ることとする。

第一、分別・倶生門。分別とは分別起のこと。分別起というのは後天的教養によって起る煩悩。倶生とは倶生起のこと。倶生起とは生れながら持っているので任運自然に起る煩悩の謂である。『論』

には「六通倶生及分別起」「疑後三見唯分別起」と云っている。十煩悩の中、疑と後三見、即ち邪見、見取見、戒禁取見の三見は唯分別起で、その他の六煩悩は分別と倶生とに通ずる、即ち分別起のものと倶生起のものとの両者があると云うのである。辺執見については両師の異義があり、第一師は、辺見、即ち断・常二見ある中、倶生に通ずるは唯だ断見のみで、常見は分別に限るとし、第二師の説は、二見とも分別、倶生に通ずるとするもので、これを以て正義とするのである。

次には第二、自類相応門である。煩悩と煩悩、即ち煩悩どうし、それを自類と云ったのであるが、その自類の相応する関係を述べたものである。『論』に出された順序に従い先ず貪を中心として考える。但し文章的表現は却って繁雑であるので、それは『論』に譲り、その内容を図示することにする。

貪
- (愛すべき境に対して起る)──瞋は憎しみの境に対して起るから──不倶起
- (決定の境に対して起る)──疑は不決定の境に対して起るから──不倶起
- (他を愛するから起る)／(自を愛するから起る)──慢
  - 他を凌蔑するから──不倶起
  - 自を高挙するから──倶起
- (愛すべき境に対して起る)──五見はそれを正しいと愛するから──倶起
- 痴は『論』に「諸煩悩生必由痴故」と云う如く、一切の煩悩に先行して起る

次に、瞋を中心として考える。この場合、瞋と貪との関係は右に於て済んでいるのでそれは除く。また痴は別の場合に述べるが、これは一切の煩悩に先行する、従って総ての煩悩と倶起する。

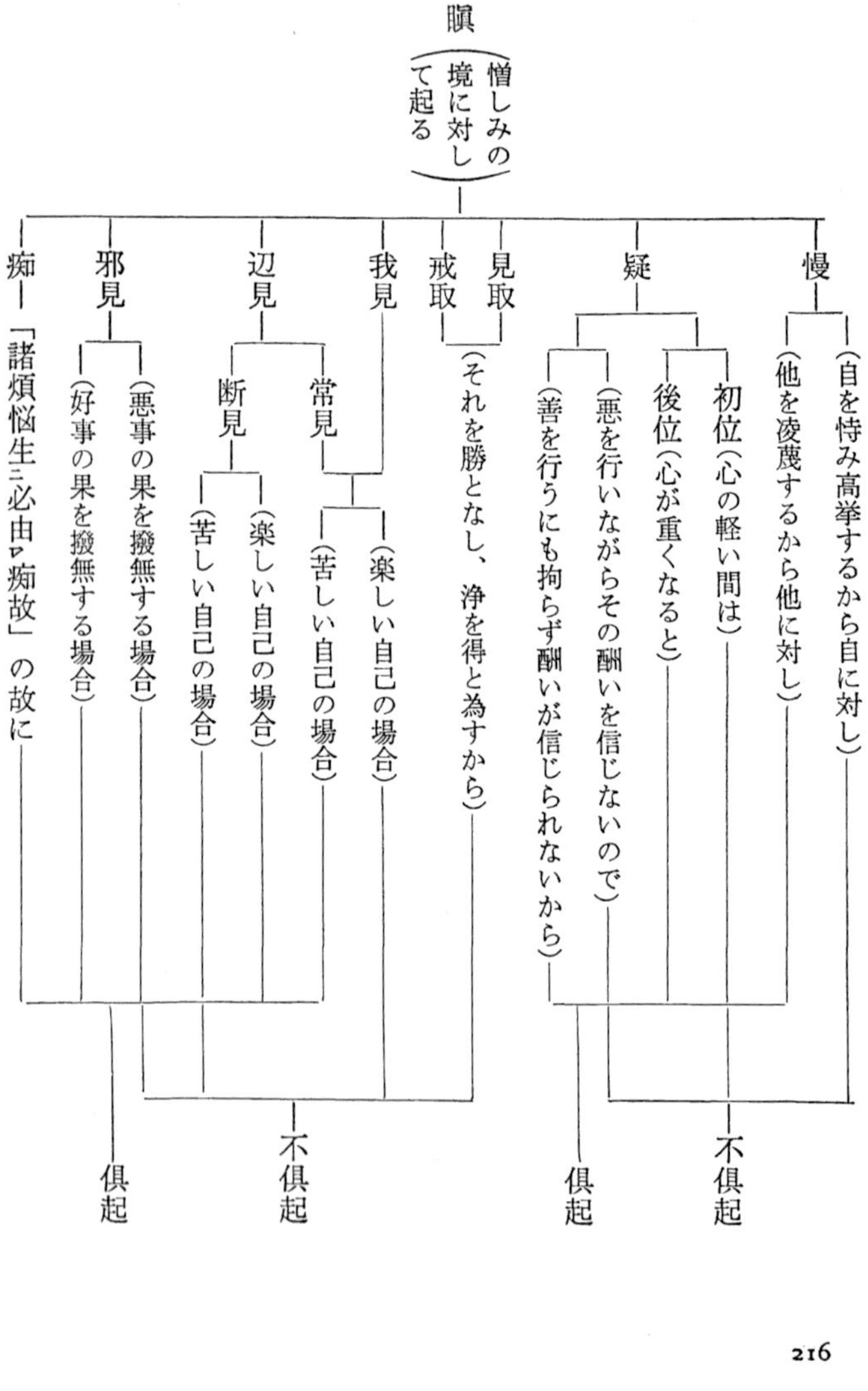

瞋
（憎しみの境に対して起る）
慢
（自を恃み高挙するから自に対し）
（他を凌蔑するから他に対し）
疑
初位（心の軽い間は）
後位（心が重くなると）
（悪を行いながらその酬いを信じないので）
（善を行うにも拘らず酬いが信じられないから）
見取
戒取
（それを勝となし、浄を得と為すから）
我見
（楽しい自己の場合）
（苦しい自己の場合）
辺見
常見
断見
（楽しい自己の場合）
（苦しい自己の場合）
邪見
（悪事の果を撥無する場合）
（好事の果を撥無する場合）
痴
「諸煩悩生ニ必由レ痴故」の故に
不倶起
倶起
不倶起
倶起

次には第三に、痴についてである。『論』には「痴は九種と皆定んで相応す、諸の煩悩は必ず痴に由って生ずるが故に（諸煩悩必生由痴故）」と云っている。一切の煩悩に先行するものは愚痴、無明であるからである。

次に、第四に慢を中心として考える。慢と貪・瞋・痴との関係は既に終っているので再び述べることをしない。

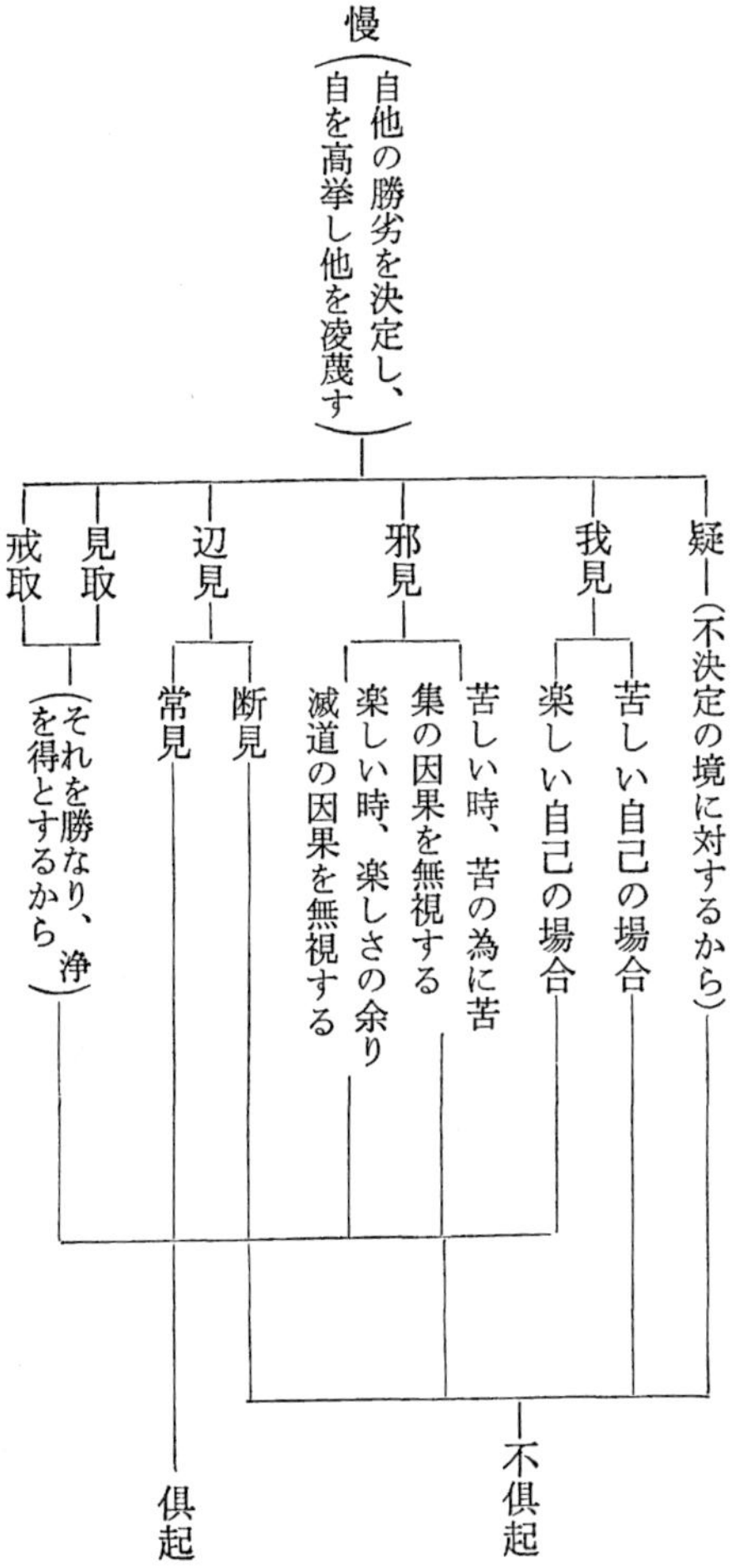

次には、疑を主とする場合で、貪・瞋・痴・慢と疑との関係は既に述べた通りである。だから、ここでは疑と五見とについて述べればよい。疑は不決定の境を縁じ、五見はそれを勝れたるもの、浄を得するものと決定しているのであるから、それは不倶起の関係にあると云わねばならない。即ち、

疑は(不決定の境を縁ず)——五見は(決定の境を縁ず)——不倶起

となる。

次には、最後に五見相互の関係如何ということになるが、既に述べた通り、五見の体は慧である。そこで『論』には「一心の中に多の慧有るものには非ざるが故に」と云って、五見は相互に倶起せずと云っている。即ち、

五見—(一心中に多の慧有るに非ず)——相互——不倶起

となっているのである。以上で自類相応門の概略を終るわけである。

次に第三には、識相応門である。この十の煩悩は第八識には相応せず、第七識には貪と痴と慢と我見との四、第六識には十ながら相応し、前五識は、自身無分別性のものであるから、煩悩の中でも無分別の貪・瞋・痴の三のみが相応し、他の煩悩は分別性のもの故、相応しないと云うのである。

次に第四には、五受相応門である。即ち十煩悩と憂・喜・苦・楽・捨の五受との関係についてである。

五受相応門では、第三能変段の第六受倶門に於ける五受の理解を充分にしておく必要がある。

先ず貪・瞋・痴の三煩悩は、それが倶生・分別を問わず五受総てと相応する。痴については云うに及ばぬ。貪が喜・楽と、瞋が憂・苦と相応するのは自明であるが、貪が憂・苦と、瞋が喜・楽と相応するのは理解し難いので、『論』では、違縁のために財を失した場合、怨の死に会いたる場合をあげ、貪が憂・苦、瞋が喜・楽と相応することを説明している。

次に慢は如何と云うに、これには両師の義があり、前義は、第六意識に苦なしとする義で、第六識はただ憂受と相応、苦受と相応するは前五識であるとする。然るに慢は前五識と相応するものにあらず、また、この師は地獄等の悪趣に、倶生分別の惑を許すや否やのとき、悪趣に倶生は勿論、分別起の惑を許す義であるので、倶生にもあれ分別にもあれ、慢はただ四受とのみ相応すと云う義になる。

第二師は、第六識にも苦受ありと許す義、同時に地獄等の純苦処に於ては分別の惑を許さぬ義で、これを正義とするのであるが、従ってその結果、この師は、倶生の慢は五受相応、但し分別起の方は純苦処にはこれ無し、従って四受相応と立てるのである。

次には疑と後三見、これは唯分別起の惑である。唯分別起であるが故に純苦処にはなく、従って苦受を除いた四受と相応すると云うことになる。

次には身・辺二見についてである。これには二師の違いがある。第一師は、倶生と分別との中、先ず倶生の二見についてであるが、倶生のはただ喜・楽・捨の三受とのみ相応し、苦受と憂受とは無しと云うのである。そのわけは、この師は意識の苦受を許さぬ師であるから、倶生の二見は苦受と倶である五識と相応しないから、苦受を除くと云い、また憂受を除く理由としては、憂受は善・不善にのみ相応す、然るに倶生の身・辺二見は唯無記であるから憂受を除かねばならぬと云う。而して分別の二見については、憂受とも相応するから四受相応となると云う。そのわけは、苦受と倶なる五蘊を執して常と計する時には憂受と相応するし、また楽と倶なる五蘊を縁じて断と執する時には、やはり憂受を生ずるからである。

次に第二師の説、これを正義とするのであるが、この義では、分別の二見は前師と同じであるが、倶生の二見について違う考え方をしている。即ち苦受と相応すると云う。その理由は、分別の二見ならば極苦処にはないが、倶生の身・辺二見は極苦処で苦蘊を縁じており、従って苦と相応すると云うのである。この段については、『論』にも注意しているように、第三能変段の受倶門の解説を照合し、前後両師の違いをよく得心する必要がある。

第五、別境相応門以下は余りにも繁に流れるので、『論』に譲って省略する。

(g) 随煩悩

『頌』に「随煩悩、謂忿・恨・覆・悩・嫉・慳・誑・諂・与二害・憍一、無慚・及無愧、掉挙・与二惛沈一不信・并懈怠・放逸・及失念・散乱・不正知」（随煩悩と云うは、謂く忿と、恨と覆と悩と嫉と慳と、誑と諂と害と憍と、無慚と及び無愧と、掉挙と惛沈と、不信と并びに懈怠と、放逸と及び失念と、散乱と不正知となり）と云う、この二十種のものがそれである。

随煩悩、upa-kleśa の upa を随と訳したのであるが、upa とは、近いとか付随するとかの字義である。その随を教学的に云うと、『論』巻六（p. 23, a）に「是れは煩悩の分位の差別なり、等流性なるが故に」と云っている通り、煩悩に対して、分位と等流という意味で、随の字を理解しなければならない。では分位とか等流とかという意味はと云うことになるが、この下の『述記』では二釈を以てこれを解している。正義と云われるもののみによると、分位とは、忿等の十と及び忘念と不正知と放逸とは、貪等の根本煩悩の麁なる行相の分位に仮立したもので、別に実法があると云うのではない、それで随の字を付したと云うのである。

次に等流性というのは、無慚・無愧・掉挙・惛沈・散乱・不信・懈怠の七法は、有体の法であり、根本煩悩と同類で、心を悩ます法であるが、根本煩悩を因、先行条件として起り得る性格のもの、これを根本の等流と称し、随煩悩という名を与えたと云うのである。そして『論』では、次にこの二十の随煩悩を三類、即ち大・中・小に分類し、然る後に、例の如くその性と業とを説明している。

小随惑というのは、『頌』に忿より憍に至るまでつらねられた十は、各別にしか起らないので小と云われる。各別にしか起らぬ理由は、煩悩の自類相応の関係がわかれば、自ずから理解せられる。次に無慚と無愧は倶に不善に通ずるので中と云われ、その他の掉挙等の八は、一切の染心に通ずるので大と云われるのである。二十の随煩悩を三類に束ねて三位としたことは、未だ『瑜伽』等に云わざる所、この『論』に限った護法の発揮と云われている。

初めに忿についてである。『論』には、「現前不饒益の境に対するに依って憤発するを以て性と為し、能く不忿を障え、杖を執するを以て業と為す」と。これは瞋の一分を以て体とするものである。

次には恨である。『論』には、「忿を先とするに由って、悪を懐いて捨てず、怨みを結ぶを以て性と為し、能く不恨を障え、熱悩するを以て業と為す」と。これは、これまた瞋の一分によって仮立する。

次には覆《ふく》についてである。『論』には、「自の造れる罪に於て、利誉を失わんかと恐れて隠蔵するを以て性と為し、能く不覆を障え、悔悩するを以て業と為す」と。何に依って覆を仮立したかについては両師の義があり、第一師は痴の一部分とし、第二師は貪と痴との一分とする。前師は麁相によったもの、後師を以て実義とする。

次には悩について。『論』には、「忿と恨とを先と為し、追触、暴熱、很戻するを以て性と為し、能く不悩を障え、蛆螫《だっしゃく》するを以て業と為す」と。これまた瞋の一分に仮立したものである。

次には嫉について。『論』には、「自の名利を殉《もと》めて他の栄に耐えず、妬忌するを以て性と為し、能く不嫉を障え、憂慼するを以て業と為す」と。まさしく嫉妬の情であるが、これまた瞋の一分を体とするものである。

次には慳についてであり、『論』には、「財と法とに耽著して恵捨すること能わず、秘吝するを以て性と為し、能く不慳を障え、鄙畜するを以て業と為す」と。所謂るけちんぼうの情で、財のみならず、法を人に恵与することのけちんぼうをも含めているので、「財と法と」と、法の字を加えたのである。これは貪欲の煩悩に仮立したものである。

次に誑《おう》についてである。『論』には、「利誉の為めに矯《かたま》しく徳有りと現じ、詭《いつわ》り詐《あざむ》くを以て性と為し、能く不誑を障え、邪命するを以て業と為す」と。邪命とは正命の反対、正命とは正法に従って活命、即ち生きること、従ってその反対は「よこさまにいきわたる」と意味をとって読ましてある、その通りである。これは貪と痴との一分を体と為すとされている。

次には諂《てん》である。『論』には、「他を網《こめ》んが為の故に矯《かたま》しく異儀を設け、険曲《いつわりまがれ》るを以て性と為し、能く不諂と教誨とを障うるを以て業と為す」と。網とは罔の義、網をかぶせて盲いにすることである。これまた貪と痴の一分を以て体とする。

次には害について。『論』には、「諸々の有情に於て心に悲愍すること無く、損悩するを以て性と為し、能く不害を障え、逼悩するを以て業と為す」と、これまた瞋の一分を以て体と為すと云う。

次には憍についてである。『論』には、「自の盛んなる事に於て、深く染著を生じ、酔傲するを以て性と為し、能く不憍を障え染が依たるを以て業と為す」と。これまた貪の一分を以て体とするものである。

次には無慚についてである。『論』には、「自と法とを顧みず、賢と善とを軽拒するを以て性と為し、能く慚を障碍し、悪行を生長するを以て業と為す」と。

次には無愧。『論』には、「世間を顧みず、暴悪を崇重するを以て性と為し、能く愧を障碍し、悪行を生成するを以て業と為す」と。

以上、二十の随煩悩の中、忿等の十と、無慚・無愧の二とについて説明したわけであるが、十の中の、忿・恨・悩・嫉・害の如く瞋の分、慳・憍が貪の分、誑・諂・覆が貪と痴の分に仮立したのに対し、無慚と無愧との二は実に別体あるもの、またそれらの十が相互に倶起し得ないので小随惑と云われているのに対し、無慚・無愧の二は一切の不善心に遍ずると云うので中随惑とされていて、かなりの区別がある。

しかるに、諸々の聖教や論を読んでみると、その中に出てくる規定の仕方、それを延長して考えると、この区別を無視して、無慚・無愧の両者も仮立のもの、そして倶生しないもの、という結末にならないとも限らないような言葉があるので、『論』ではそれを通釈し、読者の注意をうながしている。

というのは、経で云えば『涅槃経』巻十九 (p.11,b)、『論』で云えば『対法論』巻一 (p.17,a)『五蘊論』(p.5,b) 等 (『倶舎』の巻四にも) に、無慚は自に恥じないこと、無愧は他に恥じないこと、というように説明している。『成唯識論』に於てもまた「不レ恥ニ過悪ニ」という言葉が両者に共通的に出されている。もしこの「不レ恥ニ過悪ニ」という言葉のみを把えて、両者を性格づけてしまうと、この両者が倶生して不善心に遍ずるということが云えなくなるのである。そこで『論』では、これを通釈して、経論に無恥の意味で無慚・無愧を説いているのは、両者の通相を云っているのに過ぎない。もしこの無恥を以て両者を立てるとするならば、第一には、両者を簡別する両者の体は無いことになるであろう。第二には、既に両者を同体のものとして立てるならば、一心中に同体のものの倶生なしという原則、例えば慧を以て体とする五見は倶生せずと云うように、この二の倶生は許されないことになるであろう。また第三には、もし自他相対の上に両者を区別して立てるならば、長短等の如く、実有の法とはならないであろう。汝救釈して実有に非ずと云わば、第四には、それでは『瑜伽』巻五十五 (p.11) 等に実有と説けるに違することになるであろうし、もしやむを得ず実有なりとし、実有にして前後して起ると云うならば、『瑜伽論』巻五十五 (p.15,b) に、この二を以て不善に遍ずとある文に違することになろう。そこで『論』では、両者の別相として、無慚の方は「自と法とを顧みず、賢と善とを軽拒するを以て性と為す」とし、無愧の方は「世間を顧みず、暴悪を崇重するを以て性と為す」と、即ち賢善を軽んずるのと、悪を造ることを手柄にするのという簡別を与えているのである。要するに、無慚・無愧について、古義の把え方によると、誤解を生じうる可能性があるので、その点を注意しているのである。

次には掉挙《じょうこ》である。『論』には、「心をして、境に於て寂静ならしめざるを以て性と為し、能く行捨と奢摩多とを障うるを以て業と為す」と云っている。以下は八大随惑と称せられるもの、その意味は、これらの随惑は、不善心にはもとより、有覆無記までも含め、一切の染汚心に通ずるので、大随惑と云われるのである。

この掉挙について、三師の異義がある。

第一師は、これを貪の一分によって仮立するとする説。

第二師は、掉挙の「不寂静」と云うことは煩悩の共相である。その共相によって仮立するとするのである。

第三師は、掉挙に別体有りとする説で、これを正義とする。而して前二師の義を通釈し、有別体の根拠を示している。

次には惛沈である。『論』には、「心をして、境に於て無堪任ならしめるを以て性と為し、能く軽安と毘鉢舎那とを障うるを以て業と為す」と。即ち境界に於て、心をとどめてじっくり思案することが出来ないで、沈み込むようになる気持で、掉挙と反対のようであるが、共に一切の染汚心に倶うて起るもの、時により掉挙が増上する場合、時により惛沈が増上する場合があると云う。これについても、掉挙の場合と同様に、三師の異説がある。

第一師は、痴の一分に仮立するものとする。

第二師は、心をして境に於て無堪任ならしめるのは煩悩の通相であるから、痴に限らず、一切の煩悩によって仮立すると立てる。

第三師は、別体有りとするもので、これを正義とするのであり、前二師の説を通釈し、有別体についての論証をしている。

次には不信についてである。『論』には、「実と徳と能とに於て、忍じ楽し欲せず、心をして穢ならしむるを以て性と為し、能く浄信を障え、惰が所依たるを以て業と為す」と云っている。善の所で、信の心所の説明がしてあるから、そこを参考にしてもらえば、よくわかると思う。

次には懈怠について。『論』には、「善悪品の、修し断ずる事の中に於て、懶惰なるを以て性と為し、能く精進を障え、染を増するを以て業と為す」と。

次には放逸についてである。『論』には、「染・浄品に於て、防し修すること能わず、縦蕩なるを以て性と為し、不放逸を障え、悪を増し、善を損する所依たるを以て業と為す」と云っている。縦はほしいまま、蕩はしまりがなく、やりっぱなしということ。懈怠と貪・瞋・痴の三毒との分に仮立すると云う。

次には失念についてである。『論』には、「諸々の所縁に於て明らかに記すること能わざるを以て性と為し、能く正念を障え、散乱が所依たるを以て業と為す」と云っている。これについてもまた三師の異がある。

第一師は、失念は念の一分について仮立すと立て、

第二師は、痴の一分に仮立すと云い、各々論証をあげている。

第三師は、前の二義を合し、念と痴の一分とによって仮立すと云い、この義を正義とするのである。次には散乱についてである。『論』には、「諸々の所縁に於て、心をして流蕩ならしむるを以て性と為し、能く正定を障え、悪慧が所依たるを以て業と為す」と。これにまた三師の異あり、第一師は、痴の一分に仮立すと云い、第二師は、貪・瞋・痴の三について仮立すとする。第三師は、前二師の証文を会通し、これに別体有りとして、その理由を証している。次には不正知である。『論』には、「所観の境に於て謬解するを以て性と為し、能く正知を障え、毀犯するを以て業と為す」と。これにまた三師の異あり、第一師は、恵の心所の一分によって仮立すと云い、第二師は、愚痴の一分に仮立すと説いている。第三師は、前両師の文証を影略互顕と会通し、両師の説を合し、恵と痴との分に於て仮立すと立てている。

以上で随煩悩の解説を終ったのであるが、『論』では、煩悩の場合のように、次に第一仮実分別門等十二門の分別をしているが、ここでは省略する。

（h）　不定について

第十四頌に「不定、謂悔・眠・尋・伺二各二」（不定と云うは、謂く悔・眠と尋・伺との二に各々二つあり）

と云うのがそれである。『論』巻七（p.1,a）に、この悔・眠・尋・伺が不定と名づけられる理由について、この四の心所は、前五位の心所中に摂められない性格のもの、そして善・染等に於て不決定のもの、それで不定という名と位とを与えたと云い、『論』では「善・染等に於て皆な不定なるが故に云々」と説いているのであるが、この等の字をどう理解するかについて、この下の『述記』に二釈あり、不定の意味が拡大もされ、限定もされるとしているのである。第一釈は、『論』に「善・染（等）に於て不定」というのは性不定のこと、即ち善の心所や煩悩・随煩悩の心所は善・染が決定しているが、この四は三性に亘り不定なりということ、それが性不定ということである。その他ここでは等の文字をおいて、界不定と識不定とを等じているとする見方で、界不定とは、この四は三界九地の中、欲界と初禅迄に通じて上七地にはなき心所故、相通不定というので不定という文字にその意味を等じたもの、また識不足というのは、諸八識の中、この四は、ただ第六識にのみあって余の七識にはないので、有無不定なりということになるが、性不定の他に、この二不定を含めて「於善染等」と等の字を使用したという義である。

第二義は、等は向内等の等で、善と染と一に非ず、複数故に等と称したので、上の善と煩悩・随煩悩とを簡んで不定と称したものと云うのである。両義共に存して可なりと云うべきである。

以上のことを承知しながら、順次に説明に移りたいと思う。

先ず第一に悔についてである。『論』では、「悔と云うは謂く悪作ぞ、所作の業を悪《にく》んで追悔するを以て性と為し、止を障うるを以て業と為す」と云っている。悪作とは先に作したことをにくむ義で、悪作と悔とは因と果の関係であると云われている。即ち先の所作を憎む悪作、その所作を憎むについて追悔が起るので因と果とであるとされている。

次には第二に眠についてであるが、『論』には、「眠と云うは睡眠ぞ、自在にあらず、昧略ならしむるを以て性と為し、観を障うるを以て業と為す」と。「自在にあらず、昧略ならしむる」と云うのは、睡眠の時は、五識の作用が無いので進退自在にあらずであり、昧略の方は、もし定に入る時であれば、五識をとどめて心静かに、心明らかになるものであるが、それを簡んで、眠の心所は、心が昧く、何もかもわからぬようになるので昧と云い、従って心がせばまるのを略と称したのである。

さてこの悔・眠の心所に、別体有りや否やと云うについて、四師の異説がある。

第一師は、別体なし、痴の一分に仮立すと云い、

第二師は、同じく別体なし、しかし不定なるが故に善と染汚に通ずる故、痴と無痴との分について仮立すと云い、

第三師は、これは善・染に限らず、無記にも通ずるとして、悔は思と恵とに依って仮立し、眠は思と想とを体とするとし、各々文証をあげて説いているのである。

第四師は、前三師の証文を会通し、別体の心所有りとしてこれを証しているのであるが、勿論これが正義とされている。

次には尋と伺とについてである。『論』には、「尋と云うは謂く尋求ぞ、心を悤遽にして、意言の境に於て麁く転ぜしむるを以て性と為す」と、伺については「伺と云うは謂く伺察するぞ、心を悤遽にして、意言の境に於て細く転ぜしむるを以て性と為す」と。而して業については、二をまとめて「此の二は、倶に安・不安に住する身・心の分位が所依たるを以て業と為す」と云っている。

「忽遽」とはせわしき様、「意言の境」とは意識の境のこと。然るに意言と言の字を加えた理由について、この下の『述記』に三釈あり、往いて見るべし。尋は麁に転じ、伺は細に転ずることで差別しているが、ただ麁細の区別のみによるならば、何故にこれを別の心所とするかという疑問が起るが、これを二とするのは、尋は欲界に限り、伺は初禅に通ずるので、当然に別のものとなると云い、次に「安・不安に住する身・心」とは、例えば書見の場合、文意がよく通ずると心は安、思うように解せぬと不安がかけめぐって尋求する、これが尋伺の業用である。その場合『述記』に二解あり、これまた、往いて見るべしである。

尋・伺の体については別体を立てない。思と恵との一分に仮立すと云うのである。

次には「二各二」（二に各々二つあり）についてである。これをどう理解するかについて『論』には三義がある。

第一師の説は、「二各二」の前の二を最後の尋・伺にかけて悔・眠にかけず、尋と伺との二（前の二）に染・浄の二類（後の二）有りという解釈。

第二師は、前の二を煩悩と随煩悩と解し、後の二は、その煩悩・随煩悩の二に不善と無記との二、或は現行の纒と種子の随眠との二（後の二）有りと解するのである。この説は光胤も「義勢意得ず、……落居せざる事也、返す返すも不審也」と評している如く、学者の不審とする所のものである。

次に第三師の説によると、既に不定の四心所の後に「二各二」と云われているのに、第二師の如く解するのは理に応じないと前師を破し、然る後に「二各二」を釈し、前の二とは二種の二のこと、即ち一には悔と眠との二、二には尋と伺との二、この二種の二を一つにして前の二と云い、そしてこの二種の二は、即ち悔・眠・尋・伺の四は、善の心所や染汚の心所と違って、四共に各々染・不染に通ずる。そうした意味で「二各二」と頌しているとするのである。

さてこの第三義が正義であるが、『述記』では、これを護法の義と云わずに、安慧の義と称している。恐らく安慧の釈論にそうなっていたので、そう云ったに違いないと思われる。然るに不審と云われる第二師の義と、現存の安慧の梵本とを考え合すと、種々の問題が浮上してくる。

第一には、現存安慧の梵本の『頌』では、不定という言葉がなく、悔・眠等の四は、随煩悩の中のものとして出てくる。しかも「二の二は二種あり」という「二各二」に相当する言葉がある。となると、第二師が、二を煩悩と随煩悩と取意した理由がわかるのであって、第二師の使用した『三十頌』には、恐らく不定の言葉のないものを使用したので、不定の文字のある本を使用しているものからは、その事情が不明のため、不審ということになったのであろうと思う。

次にまた、こういう問題が浮上してくる。今の安慧の梵本では、四の心所を随煩悩に収めながら、しかし『釈論』では、「二各二」の説明の下で、その二とは、「悪作と睡眠と、尋と伺となり、此の四法は染汚と不染汚との二種あり」と云って、全く『成唯識論』の正義第三師の義に合致するし、それでは四法に不染汚を認めながら、なお随煩悩と云うのかと詰問すると、四法の中、「染汚なるもののみが随煩悩なり」と、内容的には不定となっているものを、不定とは云わず、半分なお随煩悩と称せらるべき余地を残している。これが現今の安慧梵本の現実である。そこから浮上してくる問題は、『成唯識論』の正義として採用されている文義によると、安慧の言葉として、第二師が二を煩悩・随煩悩と取意したのに対し、安慧は「彼の釈も亦た理に応ぜず、不定の四が後に此の言有るが故に」と云っている言、或は「二各二」の後の二を解するに三義を以てしているが、その第二義に「或は唯染を簡ぶとしての故に此の言を説けり、有るが亦た説いて随煩悩と為せるが故に」と云っている言葉を考えると、玄奘三蔵所覧の安慧の梵本は、現存のものと異なるものであったに違いないと想像せしめるものである。

次に『論』では、不定の心所について、他と同様に、十二門を以て諸門分別しているのであるが、『論』に譲って省略する。以上を以て第三能変段に於ける心所門が終ったことになる。

⑧所依門

『頌』に「依二止根本識一」(根本識に依止す)と云うのがそれである。これは第三能変、即ち前六識の依止について述べている。依止とは、支えとし、依り所とする意味である。前六識は根本識に依止すると云うが、根本識とは第八識のこと、「染・浄諸識の生ずる根本なるが故に」と『論』では説明している。そして『論』では、それを阿陀那識と変え名を以て呼んでいるが、阿頼耶の名は有漏にのみ通ずる狭きもの、阿陀那識の名は、頼耶の三位で述べたように、広く有・無漏染・浄の一切位に通じて諸識を生ずる根本であり、また種子を任持し、色・心を執持するので命名した名称で、そのことが同時に依止ということと重大な関連を持つからである。

依止について云えば、共依と親依とに分れ、現行の第八識のことを共依と云い、これは増上縁を為すもの。また親依とは、第八識に執持されている種子のことで、これは親因縁となるもの。種子生現行と生ずるのである。親依については説明を要しないが、共依は、その種子を現行の第八が執持しているから種子たりうるのである。だから種子生現行が可能たりうるのは、間接的に云えば現行第八を共通の所依とし、増上縁としているからである。

⑨ 倶転門

『頌』に「五識随レ縁現、或倶或不レ倶、如二濤波依一レ水」（五識は縁に随って現じ、或るときには倶なり或るときには倶ならず、濤波の水に依るが如し）と云うのがそれである。

ここでは六識倶転門と云うのに、なぜ五識のみを先に出すのかという疑問があるので、『論』では、「種類相似せるが故に総じて之を説く」と云い、意識はおもむきを異にする故、別に「意識常現起」と別に説いている。「相似」と云うのについて、この下の『述記』では、一には倶に色根に依る。二には同じく色境を縁ず。三には倶にただ現在のみを縁ず。四には倶に現量得。五には倶に間断有り、という五相似をあげている。而してこの五識は、一時に倶起するあり、倶起せざることありということを、『頌』に「縁に随って現ず」と云ったのである。種子としては常に在るけれども、外縁が合せねば現前しないので、かく云ったのであるが、この下の『述記』には、五識の現前する縁が明かしてあるのであり、そして同時に小乗との違いも示している。即ち小乗では、眼を五、耳を四、鼻・舌・身を三縁とするのに対し、大乗では眼は九、耳は八、鼻・舌・身の三は七縁（而して第六は五縁）としている。往見。かく縁の多少によるから、五識が揃うこともあり、不揃いの時もあるから「或倶、或不レ倶」と云っているのであり、それが本識、即ち水を所依止として、五識の波が或は倶、或は不倶と波立っていると、『解深密経』や『瑜伽論』に出ている水と波の文を譬喩としてあげたのである。

⑩ 起滅分位門

『頌』に「意識常現起、　除㆘生無㆓想天㆒・　及無心二定・　睡眠・与㆗悶絶㆖」（意識は常に現起す、　無想天に生れたると　及び無心の二定と　睡眠と悶絶とをば除く）と云うのがそれである。

『論』にはこれに対して二解をあげているが、『述記』では評して「第二を勝と為す」と云っているので、ここには第二解を出すことにする。

「意識常現起」と云うのは、この意識を前五識と対比して解するに、五識の下では「随縁現」とあり、意識の下には「常現起」とあるので、それを睨み合わせて解釈すると、先ず前五識は隋縁現と云われるように、多くの衆縁をからねばならぬ、そこで前五の起る時は少なく、起らざる時は多しと云うことになる。それに対して第六は、所籍の縁が前五よりも少ないので、縁が常に具足する故、前五とは異なり「常現起」と云うことになる。現起は現起するけれども、違縁に合って起らぬことがある。そこで違縁として挙げられたのが無想天等の五位、これを一般に五位無心と称している。

「生無想天」とは、『論』によると、無想定を修して無想天へ生れるもの、即ち外道の類が、前六識の麁想を生死の因と思い、それを厭って無想定を修し、その定力によって生れるのがこの無想天で、色界第四禅中の広果天なりと云われている。

次には「及無心二定」と云った無心についてである。一には、この無心の字は次の睡眠と悶絶にもかかること、二には、無心の字をここへ置いたのは、無想天は無心に限るもの故その必要はないが、この定と睡眠と悶絶とは、有心と無心に通ずるもの故、今は有心を簡んで無心の字を置いたのだと云うのである。

次に「二定」とは、無想定と滅尽定とのことである。無想定について、『論』では六段十一義を以て細説しているが、今はその第一段五義の説明で充分でないかと思う。即ちそれによると、この定は聖者の厭うもの、凡夫外道の類は、無想天を計して出離涅槃の思いを為してこの定を修し、遍浄即ち第三禅天までの貪煩悩を伏して得るところの定であり、前六識の心・心所を滅しているもの、心・心所をすべて滅するが、想を滅することを首とする故に無想という名を与え、無心であるから定心も無いわけであるが、入定前の定心の力によって、軀を安和ならしめられるので定の名を与えたと解説している。

次には滅尽定についてである。これもまた『論』では、六段十一義で以て解説しているが、今は第一段五義の説明でよろしかろうと思われる。その謂う所によると、「謂く有る無学、或は有学の聖の、無所有までの貪を、已に伏し、或は離る。上の貪は不定なり。止息想の作意を先と為すに由って、不恒行と恒行の汚心との心・心所を滅せしめて滅尽という名を立つ、身を安和ならしむる故に亦た定と名づく、偏えに受と想とを厭いしに由って、亦た彼を滅する定と名づく」と。本文を引いてそれを解説する方が理解し易いと思うのでそうするのであるが、「有る無学、或は有学の聖」と云うのは、この定を得る人を示したので、「有る」と簡んだのは、無学の中、倶解脱の無学に限り、恵解脱は不可なりと示さんため、また独覚で云うならば、部行独覚を簡んで麟喩独覚のみと云うので、有る無学と称したのである。また「有学の聖」としたのも、有学の中には凡夫も有る故に聖と簡び、聖の中でも、初果・二果の有学は不可、第三の不還果中の身証不還の者がこの定を得ると云うのである。

次に「無所有までの貪を、已に伏し」等と云っているのは、この定を得する所以を明かしている。と云うのは、この定は、非想定によって起るもの故、その非想定より前の無所有処までの欲は、或は伏し、或は離れねば、この定を得ることが出来ないわけを述べている。次に「上の」と云ったのは、有頂天の欲のことで、有頂天の煩悩は、定の障りになるものと、そうでないものとがあって不定であるので、障りになるものは伏し、障りにならぬものは伏さずともよし、それを不定と称したのである。次には「止息想の作意を先と為すに由って」と、この定に入る可ききっかけを述べているが、止息想とは、二乗で云えば、有漏にもせよ無漏にもせよ、心の煩わしさを厭い、もし菩薩であれば、無心寂静が涅槃の功徳を起すであろうことを考えて、この定を願うことになり、そこで第六識と、第七識の染汚なるものとの心・心所をして滅せしめるので、滅尽という名を立てるのである。以下は無想定に準じて理解すればよい。以上で「無心の二定」を終る。

次には「睡眠と悶絶」とについてであるが、これには有心位のものもあるので「無心の二定」の無心という文字が、この二についてもかかることは既に述べた通りである。以上、無想天に生ずると、無想定と、滅尽定と、睡眠と悶絶とを五位無心と称し、「意識常現起」と云われたのに対して、現起していない場合をあげたのである。以上を以て第三能変段を終るわけである。

第五　相・性・位の三科中の、相の科のまとめ

ここで『三十頌』をまとめて理解するために、従来述べてきたことを一応、整理しておきたいと思う。

この稿の最初の部分で、『頌』全体を分科するとして、三種の三科ということを述べた中で、相・性・位の三科という区分けをした。

初めの相の科、即ち唯識の相を述べたのは、初めから二十四頌に至るまでである。その二十四頌が、略説段と広説段との二分になり、最初の一頌半は略説段、後の二十二頌半は広説段、広説段は略説段を広説したものであるが、その広説段がまた三段に分れ、従来述べ終ったものは、略説段の一頌半、即ち、

由仮説我法　有種種相転
彼依識所変　此能変唯三
謂異熟・思量　及了別境識

の最後の三句「此能変唯三　謂異熟・思量　及了別境識」に対する広説、即ち三能変についてであったわけである。

その広説段の次に述べようとする一頌は、それを「正弁唯識段」と云うのである。而して広説段の第二段で広説する所は、略説段の「此能変唯三」の次上の句「彼依識所変」というのを広説するものである。而してその「正弁唯識段」の次に、唯識の相の科の部分に、なお七頌あるわけであるが、それが広説段の第三段で、略説段と対応せしめると、「由仮説我法　有種種相転」に当り、それを広説している関係におかれている。

さてこの「正弁唯識段」の内容は、上を結び下を束ね、「故一切唯識」という一句で、相の科を、或はこの『頌』全体を貫き摂めているものである。上の広説第一段の三能変も、下の広説第三の外難に答えた十因・五果も十二縁起も、三性・三無性も、すべて唯識ならざるものなしと、「故一切唯識」と全体を総括する重要な役目を果たしているところのもので、そういう意味を持っているのが、広説段の第二段、即ち『三十頌』で云えば、今の第十七頌になるのである。

以上、相の科を一応総括しておいて、ではその第十七頌如何と、次の問題へ入ることにする。

第六　正弁唯識段

『頌』に「是諸識転変、分別、所分別、由レ此彼皆無、故一切唯識、」（是の諸の識が転変して分別たり所分別たり、此れに由って彼れは皆無し、故に一切唯識のみなり）と云うのがそれである。

『論』によれば、この頌意の取り方に安慧・護法の義と、難陀の義との両極の扱い方があり、前義に於ても、内容に入ると、また相違ありというように、両文三師の別となっている。

先ず第一句の「是諸識」の三字について云えば、諸の字で上来説明した八識三能変を総括しているのであり、識の字に心所をも摂めているのである。次に「転変」の意味であるが、それについては、安慧と護法との両師の義がある。

初めに安慧の義では、転変とは識の自体分が転変して見・相二分に似るということ、ところがその理解について、安慧は、一には変現の義、二には変異の義というように、理解出来ると『述記』には述べている。

先ず変現による理解というのは、自体分より見・相二分を変現することで、自体分は依他起法であるが、変現した見・相の二分は遍計所執であると云うのである。次に変異の義というのは、自体分が形を変えて見・相二分らしき用を起す、それは依他起であるが、それを所依として遍計の二分を起し、起された見・相二分は遍計であると云うのである。

『述記』一本（p.66,b）に「後の解は知り難し、前解を勝と為す」と評しているが、一般には前義、変現の義を以て安慧の義と云われている。

次に護法の義によるに、転変を理解するのに、一には改転の義、二には変現の義というように云っている。初めの改転の義とは、自体分の他に別に見・相二分を変現するのでなく、自体分が形を変えて見・相二分の用を起す、そう見ていくのが改転の義である。次に変現の義というのは、自体分より二分を変現する義で、自体分とは別に二分を変じ出す、改転の義では別に変じ出すに非ず、ただ自体分が見・相二分の用を起す、形を変えるという考え方、理解の仕方に違いがあるのである。

次に難陀の義である。難陀は、この転変の意味を次のように考えた。彼を二分家と称しているように、彼は自体分を云わない。そこで転変するもの、即ち能転変するものを見分とし、転じてという言葉の中へ所転変の意味を収め、転変ということ自体に、所転変を予想しているとし、その所転変を相分とし、見・相ともに依他とする。而してその依他の相分が現ずるとき、遍計所執の我法の外境に似て現ずる、そうした内容のことを転変と理解するのである。

以上の如くであるから、次の「分別・所分別」の句は、安慧・護法の転変に対する理解の仕方と、難陀の如く解するのとでは違いを生じ、前者では、分別は見分、所分別は相分となり、その見・相二分を、一は遍計とし、他は依他とする違いがあるが、識自体分が分別たる見分と、所分別たる相分たることは同様である。

ところが難陀の義になると、「分別・所分別」が「分別に分別せられる所の」と取意せられ、見分が分別するということの中に、既に相分が転変され、その相分が外境に似て転ずるので、それを見分が実我実法の外境と分別する。だから見分を分別、実我実法を所分別とすると云うのである。安慧・護法、或は難陀の義にしても、この唯識転変の正理により、彼の実我・実法の無なることが理解せられ、一切は唯識であることがわかると云うので「由」此彼皆無　故一切唯識」と頌しているのである。それを、「正弁唯識段」の一頌は、初めの二句を以て唯識を釈し、後の二句を以て唯識を結すと科している のである。

『論』では次に、唯識ということに対する、種々なる疑問を九ケ条に亘って問答する所謂る問答広弁段、唯識の九難義というのを開設しているが、頌文には関係がないので省略する。

第七　唯識に対する違理、違教の難について

正弁唯識に対して外難が起ってくる。その外難に対して答えたのが、相の科に於ける残りの七頌、即ち第十八より第二十四に至る七頌であり、略説段の広説という点から云えば、最初の「由仮説我法、有種種相転」に対する広説となる。それで略説段の総てが残す所なく広説されることになる。では「一切唯識」と云うことに対して如何なる外難が発生し、どうそれに答えたのかと云うに、この外難も二段に分れる。

第一段を違理の難、第二段を違教の難と云っている。而して初めの二頌、即ち第十八と第十九の両頌は、違理の難に答えたもの、次の五頌、即ち第二十より第二十四に至る五頌は、違教の難に答えたものとに分けられる。その中、違理の難がまた二、第一には、もし一切唯識とのみ称して心外の境を認めないならば、何ものが縁となって分別を生ぜしめるのか、唯識のみで、所縁縁等の境がないならば、如何にして分別を生じうるやという疑問である。それに答えたのが第十八頌の「由一切種識、乃至、彼彼分別生」の一頌である。

而して違理の難の後なるものは、外難じて、内に六根有り、外に六境有り、根を以て境を執して貪・瞋等を起して生死は相続す。もし唯識のみにして心外の境なしと云わば、生死相続も成り立つこと

なかるべしとの疑問があるので、それに答釈したのが第十九頌の「由諸業習気、乃至、復生余異熟」の一頌である。

次に違教の難と云うのは、もし唯識（一性）のみなりと云えば、世尊が、処々の経中に、三性有りと説かれているのと相違するではないか、そこで汝は、三性は識に離れずと立てて、三性を唯識に帰結するであろうが、唯識、即ち三性有りと云えば、世尊が経に、一切皆無自性と説いている、それに違することになるではないか、という難である。これらに対する答釈とせられたものが後段の五頌たるわけである。

では、違理の難への答釈の前段、第十八頌から始めることとする。

第八　違理の難を釈す

一、外境がなければ分別は生じないであろうという難に対する回答

第十八頌に「由二一切種識　如レ是如レ是変一、以二展転力一故、彼彼分別生一」（一切種識の　是くの如く是くの如く変ずるに由り、展転《ちんでん》する力を以ての故に　彼彼の分別生ず）と云うのがそれである。

既に述べたように、一切唯識のみなりと云って心外の境を認めないとなると、何をきっかけとして分別作用が生ずるのか、外の世界が有って、それが識の対象となるからこそではないか、というのが疑問である。それに対して、それは一切唯識という仕組の中で解決せられるというのが、答えの主旨である。そのために、一頌四句の中、第一第二の両句は、種子の因縁に因ること、第三句は現行の縁によること、第四句は因と縁とにより、それらに依って、諸八識の分別は、外境なく識のみにして生じうると答えているのである。

第一句の「一切種識」と云うのは、『論』に、「本識中の能く自果を生ずる功能差別」と云っている通り、第八の現行を取るのでなく、本識中の種子を意味せしめている。また『論』の説明に、親生自果と云わないで「能生自果」と云っているのは、名言種子に限ることなく、業種子をも収めるためと

云われている。既に種子と云うから、それは識体内のもので決して外のものではない。

次に第二句の「如是如是変」という「如是」とは、第一句の識中の種子が、因縁を除いた他の三縁、即ち等無間縁、所縁縁、増上縁、それは識内の機能であり、構造であって、決して外なるものでないのであるが、それらによって、種子が助けられて転変する、その状況を「如是」と称したのである。即ち未熟位の種子より熟位に転じ、更に変熟の位に至って分別を生ずるに至る、その状況を「如是」と称し、かくの如く転変する種子の衆多なるによって「如是」の字を重ねたと云うのである。かくの如く一切の有為法は、いずれも皆な識自身の種子より変じ出した法であるのに、それを知らず、第六識の虚妄分別の作用で、種々無量の我・法有り、外境有りと思うに至り、外難の如く、心外に法が有り、それ有るが故に分別が生ずるのではないかという疑問となるが、そんな心配は無用だと云っているのである。

次に第三句の「以展転《ちんでん》力故」というのは、自の種子より生じた八識や、心・心所の見・相二分の現行が、相互に資助し合うことを展転力と云う、即ち相互にからみ合って資助し合う力という義である。既に述べたように、第一句と第二句は種子を因とし、第三句は現行を縁とし、そして第四句は、その因と縁とによって「彼彼分別」の果を生ずるので、心外の境はないけれども、かくの如くして、諸八識の分別を生ずると云うのである。分別とは諸八識の現行、五十一の心所の見分までを摂する。その類一に非ざるが故に「彼彼」と云うのである。

次に『論』にはその四縁について詳述しているが、今はそれを、今に必要な限りに於て略解しておこう。四縁とは一には因縁、二には等無間縁、三には所縁縁、四には増上縁のこと。因縁とは各自の親しき種子のこと、等無間縁とは、現行の心・心所が滅する無間に、その滅することが後念の心・心所を生ずる役目をする、それを等無間縁と云う。所縁縁とは、心・心所の所慮、所託となる一切法にして種・現に通ずるもの、無法は仮にして所託となり得ないものである。この所縁縁について親・疎の別があり、親所縁縁は内の相分、疎所縁縁は本質である。いずれも諸八識内のものである。増上縁は与力・不障の義と称し、右三縁以外で、法が生ずるために力を与え、生ずることを障げないもの、その総てを云う。例えば眼根を所依として眼識を生ずる場合、眼根を眼識のための増上縁と云うが如しで、これまた種・現に通ずるものである。彼彼分別の中、心・心所は通じて四縁に依り、その相分たる色法は、因縁と増上縁との二縁によって生ずと云われている。

次には第二難、もし外境なくんば生死相続なかるべしという難に対する答釈である。それが第十九頌に於てなされているのである。

二、外境がなければ生死相続は無いであろうという難に対する回答

第十九頌に「由二諸業習気・二取習気倶一、前異熟既尽、復生二余異熟一」（諸の業の習気と二取の習気と倶なるに由って、前の異熟既に尽きぬれば復た余の異熟を生ず）と云っているのがそれである。

『論』には「諸業の習気」とある『頌』の諸業というのを、福と非福と不動（上二界定地不動の業）との三業に分けて説明しているが、結局は有漏の善・不善の思業と、「業の眷属も亦た業と云う名を立つ」と称して、善・不善の思業同時の五蘊、これらが、生死に輪廻する果報を引くので、その福・非

福・不動の三業と、業の眷属とを以て諸業の内容としているのである。それらの諸業は、生起すると同時に次へ次へと滅してしまうので、後の果を招くべき義はないが、それらが第八識に熏じて、後にその報を起すべき功能を残していく、その功能を習気と云うのだとして「諸業の習気」を解説している。この善・不善業の習気を業種子と云うのである。

次に第二句「二取習気倶」の二取についてである。二取とは能取・所取のことで、『論』の説明では、一切諸法を、例えば相・見、心・心所、本（第八識）・末（七転識）等と、まとめて表現するが、また二取、即ち能取・所取とも表現出来るので、『頌』に二取と云ったのは、そういう意味で一切法のことを云い、習気は初句と同じく熏習、種子の義である。この第二句の習気を名言種子と云って、同じ習気と云っても、第一句のを業種子と云うのと区別している。「倶」と云うのは、この一切法の名言種子と、善・不善の業種子とが、互いに相助け合う義であり、それあるによって、生死を相続せしめる果報を引くと云うのである。それを「前の異熟既に尽きぬれば、復た余の異熟を生ず」と云うのである。異熟とは異類にして熟すると云う義で、第八識の名言種子が善・不善の業種子に助けられて、三界五趣の果報を引く場合、親因縁は自の種子で、果体は無記であるが、善・不善の業種子に助けられて引果したので、実は増上縁の関係であるが、しばらくそれに因の名を与え、因は是れ善・不善、果は是れ無記という関係になるので、異類にして熟したと云うので、異熟果と呼んでいるのである。

以上の如くであるから、外境有るによって生死の相続有りと云うのでなく、唯識にして生死有りと答えたのが右の第十九頌である。次には違教の難についての答釈五頌である。

第九　違教の難を通ず（一）

一、三性について

残りの五頌、即ち第二十頌より二十四頌に至る五頌がそれに当る。その中、初の三頌は三性について、後の二頌は三無性について、違教の難を設けているのである。今は初の三頌から解説する。初三頌の中、第一頌は三性中の遍計所執について、第二頌の前二句は依他起自性について、後二句は円成実性について、而して第三頌の初三句は、有体のものに約して依他と円成との異不異に非ざることを、而して最後の一句は、三性証見の先後について述べている。

初めに三性の三頌を出せば、

由㆓彼彼遍計㆒、遍㆓計種種物㆒　此遍計所執　自性無㆓所有㆒、

彼彼の遍計に由って　種種の物を遍計す、　此の遍計所執の　自性は所有無し、

依他起自性　分別縁所㆑生、　円成実於㆑彼　常遠㆓離前㆒性、

依他起の自性（の分別は縁に生ぜらる／は分別の縁に生ぜらる）、　円成実は彼れに於て　常に前のを遠離せる性なり、

故此与㆓依他㆒　非㆑異・非㆓不異㆒、　如㆓無常等性㆒、　非㆓不㆑見㆑此彼㆒、

故に此れは依他と　異にも非ず不異にも非ず、　無常等の性の如し、　此れを見ずして彼を見るものには
非ず、

と云うのがそれである。

① 遍計所執性

第一頌「由彼彼遍計」等、遍計所執の頌を説くに、論師によってまた取意の仕方が異なっている。即ち難陀等の解と、護法・安慧等の義とに分れる。「遍計」とは周遍計度の義で、能遍計の心を挙げると云う。能遍計の心とは、我なり法なりと執する虚妄分別のこと。周遍計度とは。周遍はあまねく一切を縁ずる、計度は我なり法なりと計校推度する義。

以上、第一句の「遍計」についての解釈について、三師の間に異見があると云うのではない。ところが第二句「遍計種種物」について、両師の義に相違を来すこととなる。即ち難陀は、「遍計種種物」と云うのを遍計所執性の我法とするのに対し、安慧・護法は所遍計の境を挙げたもの、その体は依他起性・円成実性を指している、その「種種物」に対して遍計所執性を起すので、所遍計の境は遍計所執性に非ずと云うのである。従って初師の義で云えば、第一句、依他の能遍計に対して、次の三句を以て遍計所執性を述べたもの、後師によれば、後半の二句で遍計所執を頌したという違いとなる。後の両師に於て、頌文の解し方は同じであるが、しかし第一句の能遍計の体を出すとなると、両師の間に簡別がある。

先ず安慧の義は、能遍計の体は諸八識の心・心所に通じ、また善・悪・無記の三性に通ずと云う。而して諸八識についての簡別を云えば、前五識と第八識とはただ法執のみ、第七識は人執のみ、而して第六識は我法二執に通ず、いずれにしても諸八識の有漏に収められるものには、みな執有りと云うのが安慧である。『楞伽』『中辺』には、諸八識を以て「虚妄分別を以て自性と為すが故に」と云い、『摂論』『中辺』にも、「皆所取と能取とに似て現ずと云うが故に」等、その他にも一文、都合三文を引いて証拠立てているのである。

右に対して、護法の義は、能遍計とする識は第六、第七の二識に限り、しかも善・悪・無記の三性の中、善心に執有りとはせず、執は悪と有覆に限っている。それを証拠立てるため、『論』には、この下に十の故字、即ち十ケ条の理由をあげて主張し、その次に、前師が証拠とした三文を会通しているのである。而して能遍計の心は二品であるに過ぎないが、その心の分別振りに、二乃至十に至る多くの分別が有るので、『頌』に「由彼彼遍計」と彼彼の字を加えたと説明して能遍計のことを終っている。

次に所遍計についての説明に移っているが、ここは極めて簡単で、『摂論』を引用して、所遍計となるものは正しく依他起性であるが、展転して論ずれば円成実にも通ずると云い、遍計所執は虚妄分別の境であるとしても、無体故に所縁縁とはなり得ぬ、従って所遍計に非ずと云っている。

次には遍計所執性、即ち『頌』で云えば後半の二句、「此遍計所執　自性無所有」(此の遍計所執の自性は所有無し)と云うことについてである。遍計所執性が自性無所有、体性都無なることは諸師一致の論であるから云うことはない。しかし『論』では、何法を遍計所執とするか、何法を依他とするかの考え方については、安慧と護法との間に異論があるとして、この段の下でそれを示している。

安慧によると、三界の心・心所は、無始よりこのかた、虚妄に熏習せられた種子所生の法である。その所生の法は自体分として依他起であるが、もと虚妄分別の熏習より生じた法であるから、虚妄の故にその自体分には、虚妄の影として、見・相二分、能取・所取という形に似て現ずる。自体分は依他であるが、二に似て生じた見・相二分は情有・理無の遍計所執性であるとし、『中辺論』等の文証をあげて、このように主張するのである。

これに対して護法等は、周知の如く、自体分はもとより、二分も種子より生ずるが故に依他なりとし、この二分を執して、定んで実に有なり無なり、我なり法なりと執する、その所執を遍計所執性とすると云うのである。護法もまた『摂論』等の文証を挙げてこれを主張するのである。而して護法は次に、もし二分を遍計所執性とするならば、種々の不都合を生ずるとして、五難を設けて安慧の義を破斥しているのである。そして次の頌の初二句、即ち依他起性の問題へ移ってゆくのである。

②　依他起自性

依他起自性について、『頌』には「依他起自性　分別縁所ㇾ生」（依他起の自性は分別の縁に生ぜらる）と云うのがそれである。依他起の自性、即ち依他起性の他とは衆縁という意味、衆縁を依として起る故に依他起と云う。その中、心・心所ならば四縁に依り、色法ならば因縁と増上縁との二縁に依ることは、既に述べた通りである。而して依他に相・見・自証・証自証の四分を立てる護法、証自証分を除いて三分を立てる陳那、唯見・相二分を立てる難陀、安慧の如く相・見分を遍計所執性として自体分一分を以て依他とするもの、これを古来、安・難・陳・護一二三四と称しているのも周知の通りである。

次に第二句「分別縁所レ生」と云うについてである。この場合、依他を染分の依他を説いているとするのと、染・浄二分を共に合説しているとする両義とに分れる。それは、分別の字の解釈の違いから来ているので、前義で云えば、分別という文字を有漏の染に限ると解するから、そうならざるを得ない。そう理解する根拠として、浄分の依他ならば、分別とは云わないであろうし、また浄分の依他は円成実に通ずるから、その方へ譲っていると見做すのである。

後義の理解の仕方は、分別を縁慮の義と釈し、染・浄共に分別なるが故に、ここでの依他には、染・浄が合説されているとするのである。時に「分別縁所生」の取意の仕方に、『述記』に両様あるので、前義によって「依他起の自性の分別は縁に生ぜらる」と云い、後義によって「依他起の自性は分別の縁に生ぜらる」と読ましてある。これを要するに、前義は、分別を縁によって生ぜられる諸法にかけ、後義は分別を諸法を生ずる因縁の方へかけて取意しているので、意味的に相違があるわけではない。

③円成実性

『頌』に「円成実於レ彼　常遠二離前一性」（円成実は彼れに於て　常に前のを遠離せる性なり）と云っているのがそれである。

この第二十一頌の後半二句で、円成実性と説いているのは、真如実性のことについてであると『論』

でことわっている。しかし『論』では、一般に円成実と云ったときには、二様の扱い方があるとしている。一には、今の真如に円成実の義があるので、真如のことを云うが、他に浄分の依他起性にも、また円成実の義があるので、その浄分の依他起のことを、そう呼ぶことがあると云うのである。前者を常・無常門、後者を漏・無漏門の扱いと云っている。では真如及び浄分の依他に、どうして円成実と云われる義があるのか、円成実とはどういう意味のことであるのであろうか。

真如を円成実と云うのについて、『論』では先ず、「二空所顕」ということを大前提として、その次に、真如が「円満せり、成就せり、諸法の実性なり、」それで円成実と云うのだと云っている。「二空所顕」とは、我も空なり法も空なりと、我法の二を空と悟ることを通じて顕わされる世界、こう云うと、或は我・法の二空の状態を、即真如と思うかも知れないが、そうではない、空は真如でなく空を門として顕出された世界のことである。その世界、真如が、円満であり、成就であり、諸法の実性となっているのである。円満とは『論』に「遍ぜり」と云っているが、普遍の義である。成就とは「常なり」と云っているが、常にそうであると云うことで、自ずから妥当性の義がある。実性とは「体虚謬に非ず」と云っているが、真実の義であり、自ずから必然性の義を含んでいる。しかも真如は、凝然として有為の存在法と因果関係を持たないが、しかし能依・所依の関係を持っていると云うのが、本宗独自の真如観である。そういう意味で、真如を円成実と称するのである。

次に浄分の依他にもまたこの義有りと云うが、それは、無漏の有為法は顚倒を離れているから実の義有り、究竟の法なるが故に成の義有り、その勝用は周遍しているので円の義を具しており、そういう意味で、円成実と云い得ると云う。しかし法としては、一は有為法について、他は無為法について云っていて、法体としては全く異なるものであるから、真如の場合を、常・無常門と云い、浄分の依他の場合を、漏・無漏門によるとしている。

円成実の意味については上述の通りであるが、その句は「円成実於レ彼」（円成実は彼れに於て）とあるように、「於レ彼」とは如何ということになる。しかもこの言葉は、次の句「常遠ニ離前一性」（常に前のを遠離せる性なり）と離すことの出来ない言葉である。即ち「於レ彼」の彼とは依他起性のこと、次の句の「常遠ニ離前一」の前とは遍計所執のこと、即ち円成実というのは、依他起性に於て、常に遍計所執性たる人・法二空を遠離し、二空に顕わされる円満・成就・真実なる真如のことを云うということになる。

二、円成と依他との関係について

『頌』は次に、円成と依他との関係を規定して、

故此与ニ依他一　非レ異・非ニ不異一、如ニ無常等性一、

故に此れは依他と　異にも非ず不異にも非ず、　無常等の性の如し、

と云っている。『述記』によると、『摂論』等では、三性を相待して異・不異を明かしているが、それは性に約して相待したからである、今は体の有なるものに約して相待しているので、依他・円成の相待にとどまっていると云うのである。『論』では、円成実真如と有為の依他法との前述の性格を相待してみると、当然、異にも非ず不異にも非ずという関係となると云うのである。

もし異なる関係であるならば、依他を能依、真如は所依という関係の下、真如は依他法の実性と云い得なくなるであろうし、またもし不異ならば、真如は依他法が無常なる如く、真如も無常なるべし、依他法も真如の如く常なるべし、と云わねばならなくなる。或はまた更に不異ならば、依他と真如と不異の故に、依他も真如の如く浄境、真如も依他の如くまた非浄境となるべし、更に依・円、不異一体とならば、真如は根本智により依他は後得智によって縁ぜられると云う、その根本・後得の二智の作用の別も立たなくなる。こうした関係を現わさんとして「非異非不異」という関係の下においたのである。

次に第三句「如無常等性」（無常等の性の如し）と云うのは、等とは苦・空・無我を等じたものであり、句全体としては、「非異非不異」を、譬喩を以て顕わしたものである。即ち苦・空・無常等が、有為法に共通した相、即ち共相であり、有為法に望めて非異非不異の関係にあることを知らしめたのである。というのは、もし無常等が有為の色法と異ならば、色は無常でないことになるであろうし、もし無常等と色とが不異であるならば、無常等は色の共相に非ずして、色そのものと云わねばならないことになり、共相という義は成り立たなくなる。非異非不異の関係であればこそ、無常等が、有為法の共相として成り立つその如く、依他と円成との関係も、そうであってこそ、体に約して云えば、依他と円成とが成立するし、もし性について云えば、『摂論』等の如く、三性に於てそのことが成立するわけである。

第十　相の科の下で円成実、即ち性を論ずることについての疑問への回答

既に述べた通り、相・性・位の三科によれば、第二十四頌までは相、即ち有為の八識に関する叙述内容であり、第二十五頌に来って性、即ち無為真如の開説という科になっている。ところが、右の円成実真如は、まさしくは第二十一頌後半の二句、それが次の頌にまで及んで述べられている。相の科の範囲内で述べられているので、何故であろうかと不審がわく。或は相・性・位の三科の妥当性を疑いたくなるので、それへの回答を述べようと思う。

それはこうである。『三十頌』に於て、三性の法門が開説されねばならなかった理由は、論師達の解説によると、既に述べたように、違教の難に対する回答のためであったわけである。本頌としての頂点は、既に述べたように、第十七頌の「故一切唯識」にあるわけである。だから本宗としては、処処の経に説くところの三性も、要するに「故一切唯識」に帰着すると答えている。それ故に、三性の説き方についても、その空・有、性・相、一・異等の明かし方が、いずれも三性を唯識に取込む明かし方である。三性、従って円成実を説くことも、「故一切唯識」の内容として開説しているので、そこに相の科の下に円成実の説かれている理由があることを知るべきである。

次には三性門最後の「非二不レ見レ此彼一」（此れを見ずして彼れを見るものには非ず）の一句についてである。この句の読み方は、『述記』に「一の見の言は義二性に通ず」と云っている通り、「此」の意味する円成実と、「彼」の意味する依他起の両方にかかるので、原本でも na adṛṣṭe śmin sa dṛṣyate（此れが見られない時、彼は見られず）となっている。従って『述記』の言う通りであり、右の訓読みの通りになる。『論』ではそれを釈して「此の円成実を証見せずして、而かも能く彼の依他起性を見るものには非ず」と云っているのである。その見について『述記』では「今、見と言うは眼見と意識の比見とを謂うに非ず、但だ是れ無漏を以て親しく証見する也、見とは聖慧の親しく得る所の義なり」と云っている如くである。

これによって知る、唯識の法門は、浄法界等流の正法と称せられている如く、根本智によって真如を契証し、後得智の眼に映じた諸法如実の妙境界相をそのまま説き顕わした法門である。然るを、不二融会を説く法門からは、唯識を以て凡夫の迷情に随応して説かれたもの、小乗を大乗へ引導するための性・相隔歴の法門などと評する者あり、或は唯識学者内部に於てすら、理唯識と行唯識との分斉を混迷し、識有・境空というのを、理唯識を語りながら方便（これは行唯識で語るべき言葉であるのに）唯識などと称する者があるが、それらはこの句「非不見此彼」の深意を承知すべきである。

以上を以て三性説の三頌を終了するわけであるが、既に述べた如く、三性説は違教の難に答えるためのもの、それを『論』巻八（p. 26, a）には、「応に知るべし三性も亦た識に離れず」と云って、以上三頌を以て三性を明かしたのである。

しかしそれが、どうして識を離れないかということについては触れていない。そこで最後に、『論』

巻八（p. 31, b〜p. 32, a）には、それに答えるために、「三種の自性は皆、心・心所法を遠離せず、謂く心・心所（自体分）と及び所変現（相見二分）とは衆縁より生ずるが故に、……一切皆依他起性と名づく。愚夫此れに於て、横に我と法とを有なり無なり、一なり異なり、倶なり不倶なり等と執する、空華等の如く、性も相も都て無きを、一切皆遍計所執と名づく。依他起の上に、彼れが妄執する所の我と法とは倶に空なり、此の空に顕わさるる識等が真性を、円成実と名づく。是の故に此の三は心等に離れず」と称して、不離の模様を述べ、三性は唯識に違せないと結んでいる。

第十一　違教の難を通ず（二）

一、三無性と違教について

この難は、先に三性は唯識に離れず、従って三性ということと、唯識ということとは矛盾せずということになったが、今回のは、もし唯識にして三性有りと云うのならば、仏は何故に「一切法皆無自性」(『述記』九本 p.1,a)、これは顕了の説でないからこのような表現をしておられるが、顕了に云えば、三無性(『述記』九本 p.1,a)と云うことである。しかし「一切法皆無自性」と云っても、三無性と云っても、それは結局、無という義で識有を否定する言葉である。こうした立場から云うと、唯識と云い、三無性と云うことは、一切法無自性とか三無性とかという教に違することになるのではないかということになるし、今の唯識、三性を肯定する立場では、三無性不成の難、即ち違教になると云うのが、この難の意である。

この難に対する頌文の意は、『頌』に「即ち此の三性に依って彼の三無性を立つ」と称している通りで、三性と三無性とは一体の表裏、三性を依として三無性を安立するのであるから、相違するものでもなく、また否定するものでもないと云うのである。三性は唯識に離れず、故に三無性もまた唯識

と云うのをさまたげるものではない意となる。即ち第二十三頌に、

即依二此三性一　立二彼三無性一、
故佛密意説二　一切法無レ性、

即ち此の三性に依って　彼の三無性を立つ、
故に佛密意を以て　一切の法は性無しと説く、

と云っているのは、まさしくその意を現わしている。密意というのは顕了に対する言葉で、仏が法を説くとき、相手の機の熟・未熟に応じて、熟せる者には顕了明瞭に、法の奥底まで詳細に説き顕わすのに対し、そこ迄に至っていない相手方に対しては、そこまで顕了に説かないで、対応的に説くのを密意説と云うのである。

では次に三無性とは何か、それに答えたのが第二十四頌である。即ち云う、

初即相無性、　次無自然性、
後由レ遠二離前　所執我・法一性、

初めには即ち相無性なり、　次のには無自然性を云う、
後のには前きの　所執の我・法を遠離せるに由る性を云う、

と。

二、三無性について

①相無性

遍計所執に依って立てられたもの。ここで相と云うのは体の義で、遍計所執はそれ自身、体・性都無の法であるから、その体・性都無なるところを相無性と称したのである。遍計所執のことを情有・理無と云い、また譬喩を以て「空華の如し」とか「亀毛兎角の如し」などと云っているが、その情有の辺を遍計所執、理無の辺を相無性と云っているのである。

②相無性と生・勝義二無性との間の問題

遍計所執は体・性都無の故に、相無性と云うのに異論はない。然るに依他起性と円成実性との二は、その体有なるもの、この有体の法に無性の名を立てて、生と勝義との二無性を云う、何故に有体のものを無性と名づくるやと云うのが問題である。世に所謂る、南・北両寺の体空・執空の伝の興るのには、こうした認識を共通の認識とし、この二無性の体をどう理解するかの相違から生じた問題である。

三無性の頌の第一頌の釈として、『論』巻九（p.1,b）には、「後の二性は体無に非ずと雖も、而かも愚夫有り、彼れ（依・円）に於て増益し、妄りに実に我・法の自性有りと執す、此れを即ち名づけて遍計所執と為し、此の執を除かんが為めの故に、仏世尊は、有（依・円）と無（所執の体）とに於て総じて無性と説く」と云っているのが、所謂る第一頌に対する総答の文である。

次に『論』では、上のその文に引続いて三無性段の第二頌、即ち別々に三無性の一一の立てられた理由、一一に対する解釈をしている別解の文と称せられているものに、次のような文がある。即ち『論』に云う、「云何んが此（三性）に依って而かも彼の三（無性）を立つるや、謂く此の初の遍計所執に依っては相無性を立つ、此れが体相畢竟じて有に非ざること空華の如くなる故に。次の依他に依っては生無性を立つ、此れは幻事の如く衆縁に託して生ず、妄執するが如き自然の性無きが故に、仮して無性と説く、性全無には非ず、後の円成実に依っては勝義無性を立つ、謂く即ち勝義は、前の遍計所執の我・法を遠離せるに由るが故に仮して無性と説く、性全無には非ず、太虚空の衆色に遍ぜりと雖も、而かも衆色の無性に顕わさるるが如し」と。導論に総答の文を「南寺執空伝の証」とし、別解の文には「北寺体空伝の証」と書入れられてあるが、その通りである。

③ 南寺執空伝と北寺体空伝とについて

南北両寺の伝と云っても、『同学鈔』九之一（p.4,a）に、「南寺の勝胡、北寺の仁秀等は皆執空の義を伝え、又た北寺の諸徳、南寺の護命等は体空の義を伝う」と云っているように、寺伝としてはそうであっても、学侶の義は、各々その好む所に従っている。執空・体空の義が、何について云われているかは、既に述べたように、依・円の二法についてである。即ち依・円の二はその体有なるに、その体有なるものの上に無性の名を立てて、依他には生無性、円成には勝義無性と云う。何故にしかるや、意味如何と云うのについて分れた論である。

執空の義で云えば、有体なる依・円に無性の名を立てたのは、体を無するに非ず、依他で云えば、依他について、妄りに増益して我・法の自性有りと執する、その執を遮するのであり、円成で云えば、円成を無と云うのではない。円成の上にかかっている妄執せる我・法の雲を払いのけるのを無性と無したのである。これを要するに、無性と云うのは、依・円とも依・円の上の妄執を無と云うのである。即ち相無性はもとより、後二の無性も、無性の体は計所執と云うことになる。

これに対し、別解の文による北寺体空の伝は、相無性が計所執であることは前者と同一、ところが後二無性の体は、それぞれ依・円を体とする、即ち依他の体の上に生無性、円成の体の上に勝義無性と云われる性格を具えている、それを二無性と称していると解釈するのである。即ち別解の文に即して云うならば、依他に依って生無性を立てるのは、依他は幻事の如く衆縁に託して生ず、従って妄執する如き自然性無きが故に仮に無性と云うが、性全無と云うのではない。円成実に依って立てる勝義無性も同様で、依他起の上の遍計所執を遠離することによって顕われる空空寂寂の性で、これまた円成実に具えている性で、そこを仮りに無性と云ったまでで、その性全無と云うのではないと、二無性を、各々その体の性として把えている。

私思うに、『論』に依って『頌』を解する限り、無性は、いずれもその性特有の性格によって立てられているので、別解の文によって理解する北寺の伝が『論』に親しく、総答は三無性の理由を挙げたと云うよりも、依・円二性は遍計所執と違って体有なるに、計所執の如く無性と云うので、二は無性と云っても体有なるもの、それを無性と云うから、それを釈明したものと考えてよいのでないかと私考する次第である。

④ 生無性

幻事の如く衆縁生のもの、衆縁生のもの故に自然性のものでなくて無生である。そこを生無性と云ったのである。

⑤ 勝義無性

真如のことを『頌』では勝義と云っている。従って『論』では、第三の無性のことを勝義無性と云っている。勝とは無漏智のこと、義とは境のこと、ここでは、真如は根本智の境であるから勝義と云い、その真如は我法を遠離することによって顕わされ、しかも無相空寂の意味を具しているので、勝義無性と云われるのである。

第二編　唯識の性の段

一、性の科の来意

以上で以て、三十の頌の中、二十四頌を終了したわけであるが、既に述べたように、三種の三科いずれによっても、『三十頌』はここで一段落をつけて次の段落に入ることになる。即ち相・性・位の三科で云えば、以上で唯識の相を終了し、第二十五頌の唯識の性に入ることになるし、境・行・果の三科では、境中の第二、勝義諦を明かすことになり、初・中・後の三科では、中分の中の唯識の性を明かす段階に至ることになるが、いずれにしても、唯識の性、即ち勝義諦を明かすことになる。ではどうして、ここに来って唯識の性を明かすに至ったのであろうか。慈恩（『述記』一本 p. 39, b）によると、彼は以上の二十四頌、唯識の相は、心の虚妄顕現を明かしたものである「而して虚妄顕現を知ると雖も、未だ真性は是れ何んと云うことを了達せず、若し未だ真を知らずしては妄を了せざるが故に……この故に次いで唯識の性を明かす」と云っているが、よく理解の出来る心境である。

二、解　釈

では、その性の科に属する一頌、それを、

此諸法勝義、亦即是真如、

常如其性故、即唯識実性、

此れ諸法勝義なり、亦た即ち是れ真如なり、

常如にして其の性なる故に、即ち唯識の実性なり、

と称している。

『論』によれば、「此れ」とは次前の勝義無性のこと、従って円成実性のこと、諸法とは一切法のことである。次の句の勝義と云うことについては、四の勝義、即ち世間・道理・証得・勝義の四勝義を開き、今の勝義は第四の勝義勝義のことで、それが一切諸法の実性だから、「此れは諸法の勝義なり」と云うのであると。勝義の名については依主釈、即ち「勝之義」と、持業釈、即ち「勝即義」の義とがある。前義で云えば、勝即ち無漏智、ここでは根本無分別智のこと、義は境の義で、無分別智の境、即ち真如実性のことになるし、後義で云えば、例えば世間世俗に対する世間勝義、乃至は勝義世俗に対する勝義勝義の場合の如きで、世俗に対して勝れた義の意味、即ち勝即義の持業釈によるからである。

次の第二句「亦即是真如」の亦の字は、この勝義に多の名、例えば法界とか実際とか等の名があるので、多名の中の真如と称したとし、而してその真如を釈して第三句「常如其性故」と称しているの

である。而して『論』では、前後の両句を併せ釈し、「真如」について「真とは謂く真実ぞ、虚妄に非ずと云うことを顕わす、如とは謂く如常ぞ、変易無しと云うことを表わす、謂く此れ真実にして一切位に於て常如にして其の性たり、故に真如と曰う、即ち是れは、湛然にして虚妄にあらざる義なり」と云っている。

真如とは何ぞやということは、唯識学に於ける基本的な一大問題である。そのためには、或は無為と云い、或は真如実性と云い、或は円成実性と云い、或は法界、実相等の多名を総合的に研究することを経てからの論評を必要とするし、この事が、三乗家と云われる印度仏教と、一乗家と云われる中国・日本の仏教との相違点を明瞭にすることにもなろうと思う。ここでの解説としては、『論』の解説をどう読むか、読者の判断に委すこととする。

以上二十五頌を以て、相・性・位の三科では相と性、境・行・果の三科では境を、初・中・後の三科では初と中とを終了したことになる。従って、残りの五頌で唯識の位等を明かすことになるが、五頌で五位、即ち各々一頌ずつで、資糧位・加行位・通達位・修習位、而して第五の究竟位と云うことになる。

では五頌中の第一、即ち資糧位の相とは如何と云うことになる。

第三編　唯識の位の段

一、資糧位

『頌』に、

乃至レ未ニ起レ識　求レ住ニ唯識性一、
於ニ二取随眠一　猶未レ能ニ伏滅一、

乃《いま》し識を起して　唯識の性に住せんと求めざるに至るまでは、
二取の随眠に於て　猶お未だ伏し滅すること能わず、

と頌しているのがそれである。『論』には「深固の大菩提心を発してより、乃し順決択の識を起して唯識の真勝義の性に住せんと求めざるに至る、」この分斉のものを称して初めの二句を釈し、而して、この分斉の者を資糧位の人と称し、また順解脱分の人とも云っている。

さて「深固の大菩提心」について、この下の『述記』では、『無性摂論』の第七を引用して釈しているのであるが、云く、三の因縁の揃ったものでなければ「深固の大菩提心」とは云わぬ。三とは、一には善根を以て自体とし、二には大願を以て縁とし、三には如何なる悪友等に出逢っても退かずに策発すると云い、三の中の善根力を清浄力と名づけて、諸々の煩悩を降伏する故にこれを因とし、その上に、大願力を以て常に善友等に逢って修力する、これを増上力と云い、これが縁となり、その上、如何なる悪縁に逢うも退かず、大菩提心を捨てずに、修するところの善根を念念増上する、これを「深固の大菩提心」の相とするのである。だからこの間を資糧位と云うので、資糧とは、最終の無上菩提を目標とし、将来永くその行に堪え得る勝資糧を身に修集することである。同時にこの修集は、有情のための故に解脱を求めているので順解脱と云い、分は因の義で、その解脱のための因を修していることになるので、この資糧位のことをまた、順解脱分と云うのである。

さて『頌』の文字に即して解釈すると、「乃至未起識」とは、「乃至」は、どこから資糧位に入るかは『頌』には示されてないが、その上限を『論』では、堅固の大菩提心を起して以来のことと示しているのである。「未起識」の「起識」の識とは、次の加行位の識のこと、それに「未起」の字があるから、まだ加行位の識を起さぬということになる。即の資糧位の間を意味せしめている。

次の「求住唯識性」の「唯識性」とは真如実性のこと、識を起して真如唯識性に住せんと求むるのは、やはり加行位の相である。住とは智が真如に住するということ、智が実に唯識真如に住するのは見道通達位に於てであるが、加行位は、それを希求して加行を起す位である。ところが今の第二句は、第一句の「未起」の末に返っていくから、意味としては、深固の菩提心を起して以来、未だ加行の識を起さず、加行の識を起して唯識の性に住せんと未だ求めていない間ということになって、未加行、即ち資糧位の相を述べていることになる。

次に「於二取随眠」とは、二取とは能取・所取のこと、『論』には「二取と云う言は、二取が取を顕わす、能取と所取との性を執取するが故に」と云っている。但に二取と云えば、見・相二分にも通ずるが、今はそうでなく、能取・所取を実有と執取する、即ち煩悩・所知の二障のことである。「随眠」とは、この二取の現行によって熏ぜられる種子、それを二取随眠と云っている。この二障の種子は、有情に随逐してつきまとうのが随、第八識中に眠伏している故に眠と云うのである。二取の随眠を所伏の境とするから、随眠の語尾が第七於格になっているので「於」の字が置かれている。

次に「猶未能伏滅」とは、二取の種子を伏し滅して現行を生じさせぬことは、この位では未だ出来ぬと云うのである。而して、もし菩薩修行の位階にこれを当てはめると、『述記』に初発心の位より地前四十心、即ち十信・十住・十行・十廻向の間、但し十向の満位に加行位を開くので、それ以前に至ることになる。この宗では、三僧祇の修行ということを云うが、資糧位と、加行位とを以て初僧祇の行を充足するのである。但し本宗の末註に、初僧祇の行を、或は四十心とするあり、或は十住・十行・十廻向の三十心とするものもあって、読者をまどわす場合があるが、本宗では、主として資糧等の五位を以て論じ、十信・十住等の階位に合する時には、四十一位と立てるのを定判とし、住前十信の如きは、たとい一劫二劫の時を経るとも、入住の方便と称して僧祇位の行中に摂せず、僧祇位の行を云う時は、十住等と称する場合には三十心と云う。従って『述記』に、今の場合、資糧位に四十心としたのは、初住に於て、住中の十信と称し、更に十信を修したそれを別開して云っているのであり、住前方便の十信と混同すべからずとしているのである。そういう意味で、或る書には四十心と云い、或る書には三十心と云っているが、意味的には相違することを云っているのではない。

二、加行位

次には加行位についてである。『頌』に、

現前立二少物一　謂二是唯識性一、
以レ有二所得一故　非三実住二唯識一、

現前に少物を立て　是れ唯識の性なりと謂えり、
所得有るを以ての故に　実に唯識に住するには非ず、

と云っているのがそれである。既に資糧位に於て、順解脱分を円満し已り、初阿僧祇劫の満位に於て、見道に入って唯識の性、即ち真如に住せんがため、加行を修して二取を伏除する位で、その伏除せんがための経過を、煖と頂と忍と世第一法の四法に分けているのである。この四法を総括して順決択分と云い、また加行位と云うのである。決択というのは、無漏の智慧を指す言葉で、即ちこの次の真見の無漏智の意味であり、今この加行位は、見道の無漏智に順趣する位であるので、順決択分と名づける。順は行相が同じ意、趣は勤趣の意で、見道と同じ行相で見道に趣く位の謂である。

順解脱分と順決択分の名称上の簡別を云えば、前者は、深固の大菩提心が最終目標たる仏果の解脱をめあてとしての名であるのに対し、後者は、すぐ次の見道を目ざしている名称である。旅のはじめには終着の場所を目標にして云い、途中では、次の宿泊所を目ざしてものを云っている類で、それがそのまま、順解脱分、順決択分という名となっているのである。

次に加行位の名についてであるが、旧訳で方便道と云われる名である。新訳玄奘でも、方便道という名を用いないでもないが、方便道というと、衆生化益のための方便という意味もあり、従って仏果にも通ずる名であるので、その簡別をきびしくするため、順決択分のことを加行道と云うので、見道に入るための加行の位と云うのである。

次に直接頌文について解説するならば、「現前立少物」の「現前」とは、能観の心の前にと云うこと、「立少物」とは、真如の相分を浮べること、「謂是唯識性」とは、浮べた真如、それは能観の心が変じたものであるにもかかわらず、それを真勝義の真如実性、即ち唯識性と思うこと、「以有所得故」とは、真如実性は無所得であり、無相であるにもかかわらず、心変の真如は有所得であり、有相であるので、「非実住唯識」、即ちそれは、真実の唯識実性に住したものと云えないという意味である。

では、この位には如何なる観を修するかと云うに、四尋思観と四如実観とであり、分って云えば、煖・頂の二位に於て四尋思観を、忍・世第一法の二位に於て四如実観を修するのである。尋思の方は尋求することで未だ忍可決定なく、それを忍可決定するのを四如実観と云うのである。かくて、資糧位に於ては成し得ない二取を伏することを、ここで成し遂げんとするのである。

初めに煖・頂の二位、即ち四尋思の観であるが、この観では、一切諸法は識を離れたるものなし、所取は総て空なりと尋思するのであり、忍と世第一法の如実観では、所取ばかりでなく、能取の識もまた空と観じ所・能取共に空と観ずるのである。もし四法の相を弁ずると、先ず煖・頂の二位に於ては、前弁の如く、ただ所取のみを伏するのであるが、所取を伏すること甚だ難きを以て、二位を以てすると云われている。

次に忍と世第一法とであるが、忍位を下・中・上の三位に分け、下忍では、先に所取空と尋思したのを決定印忍し、ここに於て、所取の空は印忍されたけれども、しかし能取の識を実有とする執が起る。そこで中忍位に於て、能取も空なりとこれを伏す。しかし中忍位では、未だそれが印忍決定なき故に、上忍位でそれが決定する。即ち所取なきことは下忍で決定し、能取なきことは上忍で決定するのである。而して二取を並べて決定する位として安立されたのが世第一法位で、この二空を門として次の見道位に入るのである。既に述べたように、この加行位は、十廻向の満位に於て別開したものである。

三、通達位

『頌』に、

若時於㆓所縁㆒　智都無㆓所得㆒
爾時住㆓唯識㆒　離㆓二取相㆒故、
　若し時に所縁に於て　智すべて所得無くなんぬ、
　その時に唯識に住す、　二取の相を離れぬるが故に、

と云うのがそれである。即ち加行位に於ては、現前に少物を立てていながら唯識の性とおもっていたのであるが、それが有所得であったため、唯識に住することが出来なかったのである。それが今、所縁の境たる唯識の性に於て、少物の影が消失し「智」即ち無分別智が無所得になった、その時にこそ、

唯識の性に住したのであり、能取・所取の二取を離れ、無分別智と真如とが、境智、平等たるのである。

この位を通達位と云うのは、加行の無間に此の無分別智を生じ、真如に体会するから、真如に通達すると云い、通達位と称するのである。またこの位を見道と云うのも、初めて真如の理を見照するので、見道と云うのである。

『論』によると、この見道について、真見道と相見道とを分ち、真見道中に、漸断師と頓断師との両別をあげ、頓断師を以て正義としていること、また二の見道の中、真見道は唯識の性を、相見道には唯識の相を証すること等を説き、『頌』に於けるものは真見道についてである等のことを述べているが、繁をいとい省略する。ただ『頌』の「若時於所縁　智都無所得」に於て、この無分別智の解釈の仕方に三師の異があることは、紹介しておく必要がある。

即ち第一師は、この智には相・見二分なしと云い、第二師は相・見共に有りと立て、第三師は相無・見有と立て、第三師の義を以て正義としているのである。

ここに注意すべきことがある。詳しく述べる余白はないが、近時の有人、真諦の所翻により、識有境空の唯識と、境識倶泯の唯識とを分って、一を方便唯識、他を正観唯識と称し、瑜伽学派の二流と称して説を為す者もあるが、それは加行位の相と通達位の相、行唯識に於ける階位の観法の相違を、理唯識、境唯識とした思い誤りである。第一に、真諦所翻の残簡は、行唯識の一段であって、方便道忍位の相と、見道正観の相とを較べたもの、もし右の見道の、相・見両無と、相無・見有との比較ならば、方便・正観と云うべきでなく、一正観唯識中の異見となるのである。従って二流に非ずして、瑜伽学派の三流とした方が正直である。いずれにしても、前者の思い違いから来ていると考えられるのである。このことは、他の場所に於ても触れた筈である。

四、修習位

『頌』に、

無得、不思議、　是出世間智、
捨二二麁重一故　便証二得転依一

無得なり不思議なり、　是れ出世間智なり、
二の麁重を捨しつるが故に　便ち転依を証得す、

と云うのがそれである。

修習位とは、十地中の初地に、入・住・出の三心ある中、入心の位は見道、住心より以後第十地の終りの金剛無間道に至る間を云うので、見道に於て、既に分別起の二障を断じ終るも、なお倶生起の二障が残っているので、それを断じて仏果菩提に至らんがために、またしばしば無分別智を修習するので、この位を修習位と称するのであり、見道に対して云えば、修道と云われるものである。

右の頌の四句の中、初三句は修道の位の相を示し、第四句は、修道を経ることによって仏果に至って転依を証得することを頌したものである。その中第一句に「無得、不思議」と称しているのは、『論』には二解を出している。初義は、これを所取と能取とに約して解釈しているので、「無得」とはこの

無分別智が所取を離れ、「不思議」とは能取を離れること、後義は、「無得」とは無分別智が戯論分別を離れること、「不思議」とは無分別智の妙用の測り難きを云う、と称している。

次に第二句「是出世間智」であるが、これにも両釈があり、両釈共に、体無分別智について云うのであるが、出世間という名称について、初釈では、二取随眠を世間の本とするのであるから、無分別智が、二取随眠を断ずるので出世間という名を得ると云う。次に後釈では、出世間というのは、体無漏ということと、真如を証することを意味し、この両義を具しているものが無分別智であり、それを出世間智と云うのである。即ち十地の間に於て、しばしばこれを修するところの無分別智のこと、而して「後得は然からず」と云っている。即ちこれによるが故に、第三句の「捨二麁重故」ということが起り、更にまた第四句へつながっていくことになると云うのである。

即ち第三句に「捨二麁重故」と云うが、二の麁重とは如何と云うことになる。二とは煩悩・所知の二障のこと、麁重については、『論』に「二障の種子に麁重と云う名を立つ」と云っているが、この下の『述記』には詳しく、また『導論』に註してあるように、「麁重に二有り、一には種子を麁重と名づく、二には非種の習気を麁重と名づく」としてある。而して「捨」については、捨は断の義であるが、周知の如く、また『導論』に云っているように、「所知障の種の麁重と、及び非種の習気をば地地に別断し、煩悩障の種の麁重をば金剛に始めて除き、非種の麁重をば亦た地地に別断す」と云っている通りである。これが「無得、不思議」なる、出世無分別智の十地の間に於ける修習の相である。

次に第四句「便証得転依」についてである。即ち第四句は、第三句で、煩悩・所知の二障を金剛心に於てすっかり断捨し去ったので、「便」、便ち金剛心以後転依して仏果に至ることを述べているのであるが、その中、先ず転依とは、ということであるが、転依とは総じて云えば菩提・涅槃、即ち仏果のことである。それを転依と云うのは、転とは染を転捨し、浄を転得するので転と云うのである。依については両義あり、第一師は、依とは依他起のこと、染・浄の依となる第八識のこととし、第二師は迷悟の依たる真如のことだと云う。即ち第一師によれば、流転のもととなる染法を転捨し、還滅のもとたる浄分を転得すること、修習十地の間、しばしば無分別智を修習し、本識中の二障の麁重を断ずることによって、能く依他起の上の遍計所執を転捨し、能く依他起の中の円成実性を転得する、煩悩を転ずるに由って大涅槃を得、所知障を転ずるに由って大菩提を証す。これを二転依の果と云う、と称している。

第二師は、前弁の如く、依を迷悟依、即ち真如とする。即ち愚夫は、顚倒して真如に迷うが故に生死ありて苦を受け、聖者はこの顚倒を離れて真如を悟るが故に、涅槃を得て安楽を得るわけである。それを迷悟依と云ったのである。今や修道に於て無分別智を修習して、煩悩・所知の二障の種子を離れた処で、迷いを転滅し、悟りを転得するのを転依と云うのであり、また真如はもとより清浄であるが、今や雑染のために相は雑染となっている。その雑染を離れた時、清浄なる真如の性が顕われる。それを転依と云うと称しているのである。

『論』では更に「云何んが二種の転依を証得する」と称し、「謂く十地の中に十勝行を修し、十重障を断じ、十真如を証し、二種の転依斯れに由って証得す」と称して、以下第四句の広説に及び、ひいては修習位全体の広説に及んでいるが省略する。

五、究竟位

究竟の仏果位についてである。『頌』に云く、

此即無漏界、不思議、善、常、
安楽、解脱身、大牟尼名レ法、

此れは即ち無漏界なり、不思議なり、善なり、常なり、
安楽なり、解脱身なり、大牟尼なるを法と名づく、

と云うのがそれである。何故にこの位を究竟位と云うかというに、一には前四位の未究竟に対して、この位を究竟位と云い、二には二乗と区別し、二乗も菩提・涅槃を得るけれども究竟の義ではないので、その二乗に区別して究竟と云うと説明している。而して直接『頌』について云えば、三段に分って解釈せられている。初めの一句は位の体を出し、次の七字は勝徳を顕わし、後の八字は二乗を簡んで三乗の別なることを示しているのである、と云うのが『述記』の見方である。

第一句「此即無漏界」の「此」と云うのは、前頌の転依、即ち二転依の妙果を指し、その果は、究竟位の無漏界に摂まることを示している。次に無漏界とは、無漏の世界と云うことであるが、『論』には、その「無漏」について「諸漏永に尽せり、漏随増するに非ず、性浄く、円明なり、故に無漏と名づく」と云い、「界」についても、「界と云うは是れ蔵の義なり、此が中に無辺希有の大功徳を含容せるが故に、或は是れ因の義なり、能く五乗の世・出世間の利楽の事を生ずるが故に」と。しかも、無漏についての「諸漏永尽」と「非二漏随増一」の二句を解するに、『述記』に三釈あり、第一義は、

前句を以て相応縛を離れる義、後句を以て所縁縛に非ざる義。第二義では、前句を以て彼に雑じわる煩悩を離れる義、後句を以て相応縛と所縁縛とを離れる義。第三義では、初を以て自性断、後を以て離縛断とふり当てている。「性浄円明」についても、また二義を設けているが、詳しくは共に『述記』に譲る。「界」についての論文の二義、解し易し。以上で初めの一句、位の体を終り、次に転依の勝徳を顕わすものとしての、次の七字「不思議なり、善なり、常なり、安楽なり」という四徳について述べよう。

「不思議」とは要するに、因位に於ては思議すべからざる、果位の徳を云ったものであるが、『論』に「尋思と言議との道を超過するが故に」「微妙なり、甚深なり、自ら内に証するが故に」「諸の世間の喩を以て喩うべき所に非ざるが故に」という三義を以て釈しており、『述記』もそれを解説している。

次には「善なり」と云うのについてである。善について『論』では、「白法の性なるが故に」と云っているが、白法の性とは無漏と云うことである。第一句に、既に「此即無漏界」と云っているのであるから、この善が無漏であることは言う迄もない。何故にこれを善と云うかについて、『論』では、四義を以て細釈し、その勝徳を顕わしている。四義とは、一には、清浄法界、即ち涅槃界は、生滅を遠離して極めて安穏であるから善であると云い、二には、仏の四智心品は、妙用無方にして比況するものなく、勝れたる善巧方便が有るから善と云うと云い、三には、有為・無為の二種に、共に順益の相が有るから善と云うと云い、四には、不善に背違し、不善を断ずるから善と云うというように、無漏善法の体を説明しているのである。『述記』では、この四故を以て、同時に無漏善の有漏善と相違する相を示すものとしているが、その通りである。

次には「常」の意味である。これまた、言う迄もなく、前頌の終りの転依は、また常なりという義であるが、その「常」について、『論』では総じて、「尽る期無きが故に」と云い、そして転依の中、真如は自性浄、即ち「清浄法界は、生も無く滅も無く、性変易無し、故に説いて常と為す」、即ち自性常なりと云い、而して四智心品については、心品それ自身は、因より生じたものであるから滅に帰するもの、従って自性常とは云えないが、所依たる真如が自性常であるからこれを不断常、相続常とすると云うとして、『論』では「四智心品は所依常なるが故に断ずることも、尽くることも無し、故に亦た説いて常と為す、自性常には非ず」と称している。

次には「安楽」についてである。これまた「此即安楽」と云うことで、前頌の転依にかかるのは言う迄もない。『論』に安楽とは逼悩なき義であると云い、そして二転依の果の中、清浄法界たる真如は、衆相寂静の故に安楽の義が有り、四智心品は、永く悩害を離れているので、共に自性として逼害なき義が有ると同時に、転依の果は、一切の有情を安楽ならしめると云う、他に対する安楽の義が有るとして、両面から説明をしているのである。以上を以て、転依の勝徳を顕わすとしている。

次に「解脱身、大牟尼名法」の八字を以て、「二乗を簡んで、三乗の別を顕わす」ものとしているのは前弁の如くである。その中「解脱身」については、『論』に、「二乗所得の二転依の果は、唯だ永に煩悩障の縛のみを遠離せり、殊勝の法無きが故に但だ解脱身と名づく」と称しており、「大牟尼(Mahāmuni)」については、「大覚世尊は無上の寂黙(muni)の法を成就したまいたり、故に大牟尼と名づく」と云い、そして「法」については、「此の牟尼尊の所得の二果は永に二障を離れたり、亦たは法身と名づく」と云っているので、この三者の解釈を組み合せて理解することによって、この八字が「二乗を簡んで、三乗の別を顕わす」と云うことが得心出来るわけである。

同時にわれわれは、『述記』のこの下に、『深密』と『瑜伽論』の巻七十八（p.17,a）に、この言葉の背景になる文章があるのを引用していることにも、留意しておく必要がある。その文意はこうである。云く、文殊菩薩が、二乗所得の転依を法身と名づくるや否やと問うたのに対し、仏曰く、二乗の転依は法身と名づけず、ただ解脱身とのみ名づける。何とならば、二乗の転依は、生死の果と煩悩障の縛のみを離れたからである。しかしその限りに於ては、二乗と仏とは平等である。しかし法身に依るときは大いに差別あり、仏は所知障をも断じて無量殊勝の功徳を具し給い、算数譬喩の及ぶ所に非ず、と説いているのである。

こうした問答を踏まえて前の句を理解することにすると、「解脱身」と云う場合、二乗のは殊勝の法なき解脱身であるが、大乗のは「亦たは法身と名づく」と、亦の字を以て解脱身に亦しているように、殊勝の法を具した解脱身であると称して「安楽なり解脱身なり」と二乗を簡び、而して「大牟尼名法」と、大乗のは法身と称することを明かして、三乗の別なることを顕わしていると見られるのである。

以上を以て『三十頌』を終る。

廻向句（釈結施願分）

次に釈論師の作になる頌があるが、それを釈結施願分と称して、これを廻向句としている。その『頌』に云う、

已 依二聖 教 及 正 理一 分二別 唯 識 性・相 義一、
所 獲 功 徳 施二群 生一、 願 共 速 証二無 上 覚一、

已に聖教と及び正理とに依って 唯識の性と相との義を分別しつつ、
所獲の功徳を以て群生に施す、 願くは共に速かに無上覚を証せん、

と。文解し易し。以上を以て『三十頌』を略釈し畢る。

あとがき

大蔵出版の依頼を受けてから随分永い年月を経て漸く約束を果すことが出来た。『唯識三十頌』と云う書物は、分量的にはわずか三十の頌であるが、意味的には、この『頌』の思想史的地位が、『解深密経』を出発点とした唯識学派の思想を総集集約すると云う役割を果しているのであるから、内容的には極めて多含的である。またこの『頌』は、著者世親に長行釈がなく、従ってその解明は、釈論師の註釈を媒介としてこれを行うより致し方のない性質のものなのである。

私は世親を以て唯識学を完成せしめた人だとしているが、その理由の一として、彼がその著『二十論』や『成業論』で見られるように、唯識以外の学説を整理して唯識の優位を確立し、更に前代までの唯識思想を整備綱要化して、この『三十頌』や『百法論』『五蘊論』等の如き綱要書を作製して、唯識の普及化をはかったこと等を、私の他の著述で指摘したことがある。綱要書として単純化された『三十頌』であり、しかも長行釈がないのであるから、釈論師の解釈がいよいよ重要さを増してくるのである。

私は釈論師の時代を唯識学史上の分派時代と称しているが、具体的には、この『三十頌』をめぐって、釈論師の解釈が必ずしも一致しないで、主張が分れていくことを云うのである。玄奘三蔵の翻訳にかかる『成唯識論』十巻は、実にこの『三十頌』を註釈した釈論師の註釈書を集編したものである。

そしてその『成唯識論』を註釈したものが『唯識述記』と云われる二十冊から成る慈恩の疏である。『成唯識論』の研究は唐の時代に、多くの研究家達によって試みられ、多くの業績が出されたのであるが、慈恩のものが玄奘直伝のものとして権威を持っており、法相宗と云う宗派は『三十頌』『成唯識論』『述記』と云う流れのもとに出来ている宗派である。殊に『成唯識論』の面白い所は、十師の釈論の義を含蓄させながら、他説があるのに自説を立てねばならない根拠を示し、他説では満足出来ない理由を示していることである。その手口があまりに見事であるために、豊山の戒定の如きは、「此論参糅方便論」なる説を立てて、『成唯識論』は十師の別釈を玄奘が集編したものでなく、護法の手元で既に出来上っていたものでないだろうかと云う論を展開している程である。また安慧の梵本が発見された今日でも、『述記』で議論している安慧説に対して、何等の解明を齎し得ないのは、色々の問題を残しつつ『述記』の価値を高める結果となるのである。

最後に、この書の出来上りについては、永い間待って下さった大蔵出版の社長長宗泰造氏の寛容を謝すると共に、校正の労を取り、且つ面倒な索引の作製をして一冊の書としての形を整えて下さった編集部長の武本武憲氏にお礼を申し度いと思う。

昭和六十年二月

著　者

◇外国語(サンスクリット，英語他)◇

マ　行

ヤ　行

ラ・ワ行

タ　行

ナ　行

ハ　行

サ　行

カ　行

マ・ヤ・ラ行

◇術語・事項◇

ア　行

サ　行

タ　行

ナ・ハ行

索　引

本索引は要語を人名・典籍，術語に分類して採録した。

要語の配列順序は，人名・典籍，術語の順に各々五十音順に配列し，チ・ツはジ・ズに統一した上で，同一首字の音の同じものを一箇所に集めた。

また「唯識三十頌」中の句の解説場所を検索できるように該当句に＊印を付して入れた。

記号説明
〔　〕文字省略のある部分
＊　「唯識三十頌」中の句
『　』書名
ゴシック（太字）頁は詳しい解説のある所を示す。

◇人名・書名（他，固有名詞）◇

ア・カ行

著者略歴

結城 令聞 ゆうき れいもん

明治35年4月2日 兵庫県姫路市に生まれる。

昭和2年 東京大学文学部印度哲学科卒業。

東京大学教授，京都女子大学学長，姫路市善教寺住職を歴任，
平成4年8月28日没。

〔著書〕『心意識論より見たる唯識思想史』(東方文化学院東京研究所),『人間性の研究』(北方出版社),『浄土真宗』(鹿野苑),『世親唯識の研究』(上)(青山書院),『唯識学典籍志』(東京大学東洋文化研究所，大蔵出版)『世親唯識の研究』(上・下)(大蔵出版)他。

一九八五年四月一日 初版発行
二〇〇一年九月一五日 新装初版

《仏典講座19》
唯識三十頌

検印廃止

著者 結城令聞
発行者 石原大道
印刷所 富士リプロ株式会社
〒150-0022 東京都渋谷区恵比寿南二-十六-六 サンレミナス二〇二
発行所 大蔵出版株式会社
TEL〇三(六四一九)七〇七三
FAX〇三(五七二四)三三五〇三
http://www.daizoshuppan.jp/

ISBN 978-4-8043-5437-8 C3315

仏典講座

遊行経〈上〉〈下〉	中村 元
律蔵	佐藤密雄
金剛般若経	梶芳光運
法華経〈上〉〈下〉	田村芳朗 藤井教公
維摩経	紀野一義
金光明経	壬生台舜
梵網経	石田瑞麿
理趣経	宮坂宥勝 福田亮成
楞伽経	高崎直道
倶舎論	桜部 建
唯識三十頌	結城令聞
大乗起信論	平川 彰
浄土論註	早島鏡正 大谷光真
摩訶止観	新田雅章
法華玄義	多田孝正
三論玄義	三枝充悳
華厳五教章	鎌田茂雄
碧巌集	平田高士
臨済録	柳田聖山
一乗要決	大久保良順
観心本尊抄	浅井円道
八宗綱要〈上〉〈下〉	平川 彰
観心覚夢鈔	太田久紀